"Todos tenemos tiempos en los que [con] Dios. El libro de Addison nos llev[a] por la oración, nuestras decepciones en la oración, y el plan de Dios más profundo para nuestras oraciones. Este es el libro al que regresarás una y otra vez".

Mark Batterson, autor de éxito de venta del *New York Times* de *El hacedor de círculos*, pastor principal de National Community Church en Washington, D.C.

"Quiero que mis amigos que realmente oran, escriban libros sobre la oración. Por eso estoy tan contenta de que Addison haya escrito *Palabras con Dios*. Este libro, escrito de modo tan hermoso, es honesto, inteligente, misterioso y lleno de esperanza. Es la clase de libro sobre la oración que te hace querer orar".

Annie F. Downs, autora de éxito de venta del *New York Times* de *That Sounds Fun* (Eso suena divertido)

"Si pudiéramos aprender a orar, podríamos ver montañas moverse. Las palabras de Addison Bevere han sido una guía en mi búsqueda de hacer oraciones claras, con convicción y con confianza. Si estás buscando una experiencia más íntima y poderosa en tu relación con nuestro Padre celestial, *Palabras con Dios* es lectura obligada".

Gabe Lyons, presidente de Q Ideas y autor de *Good Faith* (Fe buena)

"Este es el libro tan necesario sobre la oración. Si alguna vez has batallado preguntándote por qué Dios no responde tus oraciones, o incluso por qué deberías orar, las palabras de Addison se convertirán en tu guía de confianza".

Bianca Juarez Olthoff, maestra de la Biblia, predicadora, autora y plantadora de iglesias

"Entender la oración está en el corazón de la vida cristiana. Muchos se sienten confusos e inseguros acerca de cómo conectar verdaderamente con Dios mediante la oración. Addison nos lleva más allá de los clichés hasta el corazón de Dios de un modo que es bíblico, personal y profundamente satisfactorio. Esto avivará un hambre nueva por conversaciones íntimas con Dios".

Jon Tyson, autor de *Beautiful Resistance* (Hermosa resistencia), pastor de Church of the City New York, www.church.nyc

"Muchos cristianos quieren estar cerca de Dios, pero batallan para orar regularmente. En su nuevo libro, *Palabras con Dios*, Addison Bevere da a los lectores un poderoso ánimo, arraigado en la Escritura, que edificará su fe y le enseñará a orar con pasión sincera, propósito, y poder. Con una sabiduría que está más allá de su edad, Addison lleva a los lectores a un viaje honesto e íntimo por la Palabra de Dios que les ayudará a conocer a Dios más íntimamente".

Craig Groeschel, pastor de Life.Church y autor de éxito de venta del *New York Times* de *Oraciones peligrosas*

"*Palabras con Dios* enmarca conversaciones sagradas entre el Altísimo y sus hijos de maneras hermosas e inesperadas. En lugar de limitarlas a ser obligaciones a realizar, o súplicas que hacer, Addison nos reta a ver la oración como 'un ejercicio de libertad. Es el único modo de ubicar la libertad que anhelan nuestros corazones'. La oración no es algo que nosotros hacemos por Dios. Es algo que hacemos *con* Dios, una unión íntima con el cielo mientras estamos aquí en la tierra. Me encuentro retada personalmente a ver la oración con nuevos ojos. Si estás preparado para más, no quedarás decepcionado".

Lisa Bevere, autora de éxitos de venta del *New York Times*

"Como hace tantas veces, Dios puso el libro de mi amigo Addison Bevere, *Palabras con Dios*, en mi bandeja de entrada exactamente cuando más lo necesitaba. En un periodo de quietud y sequedad en mi vida de oración, cuando la voz de Dios la sentía ahogada por el ritmo frenético de mi vida, Addison me ha equipado para aprender a oír otra vez. Mi biblioteca contiene muchos manuales que he utilizado para reconectar con Dios cuando la oración parece difícil o ineficaz, incluyendo algunos de mis favoritos de Philip Yancey y Richard Foster. Sin embargo, Addison ha hecho más que solamente darnos un libro sobre la oración; camina al lado de los que estamos batallando, pastoreándonos y siendo nuestro mentor en nuestras dudas y temores para llevarnos a una conexión y conversación con Dios reales. Regresaré a *Palabras con Dios* muchas veces en los próximos años, pues ya me ha resultado muy útil. Él me pidió mi endoso como un favor para él, pero el libro de Addison es un favor para todos nosotros".

W. Lee Warren, MD, neurocirujano, autor ganador del premio Christian Book Award, presentador del podcast The Dr. Lee Warren

"Addison Bevere es un amigo confiable y fiel para mí y para la iglesia en general, y su amor y su manera de abordar los matices de las Escrituras es un regalo para todos nosotros. En *Palabras con Dios*, saca la oración de su ámbito místico y la lleva al ámbito práctico y experiencial de la vida cotidiana. Prepárate para que tu corazón sea prendido y tu mente cautivada a medida que encuentras tus propias palabras para compartir con Dios".

Brandon Cormier, pastor principal de la Iglesia Zeal

"Dios es quien inicia la invitación a acercarnos; por lo tanto, ¿por qué es tan difícil oír de parte de Él? Addison ha creado una obra maestra que desmiente la idea de que el Padre es distante, y nos invita a una relación de comunión con Dios. Este es el tipo de libro que te ayuda a conectar con Dios y mantenerte conectado a Él. Serás transformado".

John Bevere, autor de GranDIOSo, cofundador de
Messenger International

Palabras con Dios

Dios

Cambia la oración aburrida y
vacía por una conexión real

ADDISON D. BEVERE

AUTOR DE ÉXITOS DE VENTA

WHITAKER
HOUSE
Español

Traducción al español por:
Belmonte Traductores
www.belmontetraductores.com

Edición: Ofelia Pérez

Palabras con Dios
Cambia la oración aburrida y vacía por una conexión real

ISBN: 979-8-88769-036-0
E-book ISBN: 979-8-88769-037-7
Impreso en Colombia.
©2023 por Addison Bevere
Originally published in English under the title *Words with God* by Revell, a division of Baker Publishing Group, Grand Rapids, Michigan, 49516, U.S.A. All Rights Reserved.

Whitaker House
1030 Hunt Valley Circle
New Kensington, PA 15068
www.whitakerhouseespanol.com

Por favor, envíe sugerencias sobre este libro a: comentarios@whitakerhouse.com.

1 2 3 4 5 6 7 8 9 10 11 ᴌᴊ 30 29 28 27 26 25 24 23

A Sophia Grace Bevere,
Al Padre le encanta oír tus palabras.

ÍNDICE

PARTE 1

EL CAÑÓN

1

LA VOZ

"Cuando somos uno con nuestra vida...
ninguna oración puede ser negada".
George MacDonald, What's Mine's Mine
(Lo que es mío, es mío)

Pues Dios habla una y otra vez,
aunque la gente no lo reconozca.
—Job 33:14, NTV

¿**H**as estado alguna vez tú solo en un gran cañón? Una de esas cavernas que atrapan las ondas de sonido, haciendo que reboten sobre las superficies y viajen otra vez hasta ti. Es divertido manipular las reverberaciones, al menos por un tiempo, pero al final te cansas de escucharte a ti mismo en repetición. Las conversaciones, por definición, se supone que han de involucrar a dos o más personas, de modo que es natural para nosotros querer que alguien más participe.

Para muchos de nosotros, sin embargo, orar a Dios nos parece como gritar dentro de un gran cañón. Algunas veces puede parecer que alguien se está uniendo a la conversación, pero ¿cómo podemos estar seguros de que esa *otra* voz no es solamente un eco de nuestros propios pensamientos, palabras y deseos? ¿Cómo podemos saber más allá de toda duda que no estamos hablando tan solo con nosotros mismos?

Desde que puedo recordar, he querido oír la voz de Dios: una voz fuerte y resonante. Palabras celestiales que fueran claras e innegables. Siempre que oraba cuando era niño, esperaba que *esa* voz respondiera.

Pero eso nunca sucedió.

Sin embargo, había otra voz que danzaba en mi interior.

Yo intentaba averiguar de dónde provenía... ¿de mi cabeza, de mi corazón, de mis instintos? Si la voz provenía de mi cabeza, entonces sin ninguna duda eran mis propios pensamientos, pero si provenía de mi corazón o de algún lugar en lo profundo de mis instintos, ¿no debería ser ese el espacio de Dios? Se nos dice que Jesús vive en nuestros corazones, de modo que tendría sentido que Él hable desde ahí, ¿correcto?

Sin embargo, a pesar de mis mejores esfuerzos, me resultaba muy difícil averiguar de dónde provenía esa voz.

Las personas que parecen saber lo que hacen con respecto a la oración, me decían que orara con pasión y escuchara más que hablar. Durante años, sin embargo, esas instrucciones parecían incongruentes. ¿Cómo puedo escuchar apasionadamente? Si oigo algo, prestaré atención a ello; pero si no lo oigo, no lo haré. No puedo escuchar lo que no está ahí: o bien Dios me habla, o no lo hace. Me gustaría que me dijeran qué opción es y cómo funciona. Todo este asunto de la oración parece importante, de modo que necesitamos entenderlo, ¿no es cierto?

A menudo, sin embargo, interpretamos mal las palabras de Dios. Incluso la Biblia se ha utilizado para respaldar conductas y decisiones que el cielo sabe que no son correctas; por lo tanto, ¿cómo podemos estar seguros de que Dios está hablando, y cuál es el modo correcto de responder? ¿Dónde vamos cuando necesitamos tener palabras con Dios?

La Escritura nos dice que hubo una vez en la que conocimos esa Voz íntimamente: en aquel jardín. No había modo alguno de negar la voz de Dios; Él caminaba con nosotros en el frescor del día. Sin embargo, parecía que su voz no fue suficiente. Queríamos rodear esa Voz y llegar a lo que estuviera tras ella: el conocimiento del bien y del mal, las respuestas a la autosuficiencia, una independencia semejante a la de Dios. Por lo tanto, no escuchamos la Voz. Escogimos una voz diferente: la voz del acusador. Esa voz confirmó nuestras sospechas. Había algo más que se podía tener, y no estaríamos felices hasta que tuviéramos "eso". La Voz nos lo estaba reteniendo, evitando que descubriéramos nuestra propia voz.

Ya sabemos cómo continúa esa historia.

Sin embargo, lo que me resulta fascinante es que la Voz no se quedó en el jardín. Se movió con nosotros. Incluso después de haber pecado y haber derramado la sangre de nuestro hermano, la Voz intervino y siguió hablándonos; sin embargo, con el paso del tiempo, cada vez menos personas oyeron la Voz. Estaban demasiado ocupados construyendo sus propias cosas, aprovechando el conocimiento y la habilidad recién encontrados. En gran parte, la Voz que nos une a todos quedó olvidada, y la humanidad escuchó una voz implacable que acusaba y denigraba, haciendo que el mundo llegara a un frenesí de violencia. El acusador tenía los oídos de todos, y la vida se convirtió en algo peor que la muerte.

Es difícil oír la Voz cuando el acusador está hablando constantemente: "ten más conocimiento; haz algo espectacular, por Dios, haz algo con tu vida o tírate desde un edificio". Nuestras vidas son bombardeadas por esa voz. Desde el momento en que nacemos, nos persuaden hacia el "más". Nuestro progreso nunca es lo suficientemente bueno. Nuestro cerebro no es nunca lo suficientemente inteligente. Nuestra pasión no es nunca lo suficientemente grande. Esa es la voz que nosotros mismos creamos, o supongo que nosotros destruimos.

Y las personas que nos rodean tienen buenas intenciones, pero sus palabras a menudo están manchadas por sus propias acusaciones: las fortalezas de duda, lamento y vergüenza que encogen sus vidas y las llevan a la rigidez o el caos. Crecemos creyendo que esta voz es la única voz. Esa debe ser la forma en que el universo se comunica con nosotros, de modo que buscamos a Dios en la voz del acusador.

Algunos de nosotros sabemos que la voz del acusador no es la gran Voz; por lo tanto, negamos su supremacía y buscamos otra cosa. Aunque el acusador es abrupto y persistente, la voz de Dios es sutil, y nos atrae hacia un deleite lleno de asombro. Al principio suena como un pequeño arroyo o un árbol que danza al viento, pero hay algo en el sonido que no notamos antes, una resonancia que canta tranquilamente en nuestro interior. ¿O está en realidad fuera de nosotros? Es demasiado difícil decirlo. En palabras del gran teólogo Karl Barth: "Ah, si realmente pudiéramos escuchar, ojalá pudiéramos escuchar esta voz que razona con tanta claridad en nuestro interior como la voz de Dios realmente. Ojalá pudiéramos solo creer. Entonces, también podríamos hablar".[1]

Mediante la paciencia, la resolución y la fe, algunos de nosotros entendemos que la Voz no es solamente algo que está ahí afuera; pertenece a Aquel en quien vivimos, nos movemos, y somos. Está dentro de nosotros. Lo hemos entendido al revés; no estamos gritando metidos en un cañón en la oscuridad. Nuestra voz es un eco de la Voz. Parecería que tener palabras con Dios se trata de unirnos a la conversación, no de iniciarla. La Voz está hablando.

¿Puedes escucharla?

¿Responderás?

Hay momentos en los que la Voz es fuerte y clara. Jesús tuvo algunos de esos momentos; tres, si no me equivoco. Sin embargo, Él vivía en sintonía con la Voz, y en una de esas ocasiones dijo: Esa voz audible, la que todos escucharon, no fue para mí, yo conozco la Voz. Fue para ustedes.[2] No fue mucho bien el que les hizo, pues poco tiempo después de aquello, quisieron matar a Jesús.

Supongo que no escucharon la Voz.

Jesús nos dijo que sus ovejas oyen su voz. También dijo a sus discípulos que desearía poder decirles otras cosas, pero ellos no entenderían las palabras. Sin embargo, el Espíritu vendría, Aquel que sustenta toda la creación, y les ayudaría a reconocer la Voz. Ah, entonces tal vez esa es la Voz que podemos y deberíamos escuchar. La Voz suave, de la que el Padre y el Hijo son especialmente protectores, de Aquel a quien no debemos entristecer al confundir o negar su existencia. ¿Se debe a que la Voz es una parte íntima de nosotros? ¿Estamos envueltos en la Voz, incluso cuando no podemos oírla? ¿Hacen vibrar las notas color y derraman belleza en nuestro mundo? Jesús dijo algunas cosas curiosas acerca de una unión o matrimonio de dimensiones; tal vez hemos de participar en ese matrimonio ahora. Escuchamos la voz equivocada y trastornamos la tierra.[3] ¿Ayudamos a recomponer las cosas escuchando la suave Voz, esa Voz que nos atrae y nos guía en lugar de demandar y degradar?

Cuando lo pienso, quienes parecen escuchar la Voz son aquellos que son callados y al mismo tiempo elocuentes, tiernos pero firmes, entusiasmados por lo que ha de venir, pero inmersos en lo que es ahora. El tipo de persona que participa en una realidad que todavía no es real para la mayoría de nosotros.

Sin embargo, *podemos* experimentar esa realidad por nosotros mismos si aprendemos otra vez lo que es unirse a la conversación, lo cual significa que debemos dejar de buscar solamente palabras y frases, y aprender a orar con corazones dispuestos y ojos abiertos. Las palabras son importantes, pero en la comunicación hay mucho más. La comunicación es lo que estamos buscando verdaderamente: una confluencia de lugares, personas, propósitos. Pablo dijo que esta comunicación está disponible para todos, de modo que no debemos conformarnos con solo comunicar. La oración (palabras con Dios) es nuestra comunión mejor y más elevada; incluso cuando nuestras oraciones no tienen palabras.

Cuando el profeta Isaías oyó de parte de Dios, el hombre que solo un capítulo antes tenía una palabra para todo el mundo, se quedó sin palabras en la presencia de Aquel que no tiene principio ni fin. Su respuesta fue dejar de hablar: Ay de mí, debo quedarme en silencio.[4] Y, en ese silencio entregado, para todos nosotros está la posibilidad de sondear la interconectividad de la vida. Tal oración nos abre a lo que es real en última instancia.

Dios es Dios. Nosotros no somos dios. Por lo tanto, oramos.

El mundo es grande. Nosotros somos pequeños. Por lo tanto, oramos.

El mal es real. Pero el bien asegura el éxito. Por lo tanto, oramos.

Jesús oró. Por lo tanto, oramos.

Cada día tenemos que decidir. Podemos soltar nuestro flojo agarre de la realidad, un acto que la Biblia denomina "morir al yo", o podemos aferrarnos a una mentira que *sentimos* menos peligrosa que la verdad. Una opción conlleva una vida de oración vibrante que es dinamizada por la fe, la esperanza y el amor. La otra opción conlleva temor, ansiedad y confusión porque nos aferramos a la ilusión del control y la autosuficiencia. Morimos *de* aquello *a* lo que no morimos; a eso llegan Jesús y Pablo en Lucas 9 y 1 Corintios 15, respectivamente.

Pero incluso más allá de Lucas 9 y 1 Corintios 15, el evangelio nos dice la buena noticia de que, en gran medida, hemos entendido mal a Dios (y la oración), y por eso deberíamos arrepentirnos, dejar de escuchar al acusador, y regresar a la Voz. El acusador no tiene ningún derecho a dictar o negar nuestras oraciones. Es más, la Biblia nos dice que el Espíritu y el Hijo interceden constantemente para que nosotros, mediante nuestras oraciones, podamos conocer la certeza y la conexión de la presencia de Dios, una seguridad que nos lleva dentro y a través del cañón. Ellos interceden para que podamos conocer la Voz y seguirla hasta la casa.[5]

Y la peligrosa verdad es que el cañón es el sendero que conduce a casa. Como un niño que es enviado al desierto para un rito de paso, así nuestro viaje nos lleva dentro y a través del silencio. Es en el cañón donde luchamos con Dios y descubrimos quiénes somos y de lo que somos capaces. Es en el cañón donde las palabras huecas son intercambiadas por una conexión real. Es en el cañón donde enfrentamos nuestras ideas sobre Dios, la oración, y muchas otras cosas, de modo que podamos rendirnos a la mente universal de Cristo.[6] Es en el cañón donde averiguamos que una "vida de oración" es mucho más que un ejercicio espiritual; es la consciencia más elevada que reordena e integra la vida, reclamando cada parte de la vida (y a nosotros) como santo y necesario para los propósitos y el diseño de Dios.

El silencio del cañón nos ayuda a unir de nuevo nuestra voz (nuestro *amén* santo) a la Voz.

Porque, incluso en el eco del cañón, la Voz habla.

2

EN EL SILENCIO

Silencio habrá delante de ti…¡Oh Tú, que escuchas
la oración! Hasta Ti viene todo hombre.
—Salmos 65:1-2, NBLA

"Todavía no nos conocemos.
Aún no nos hemos atrevido a estar juntos en silencio".
Maurice Maeterlinck, citado por John D. Barry, Reacciones

Era la primera vez que yo me había rendido al silencio.

Mi vida era un caos frenético. Habían pasado años desde la última vez que dormí con cierta regularidad: dos años desde que había sentido cualquier conexión emocional con Dios; y frecuentemente utilizaba el término *agotamiento* para describir mi trabajo, el cual resulta que implicaba "hacer la obra de Dios": liderar una organización que ofrecía recursos de discipulado traducidos prácticamente a todos los países.

Sin embargo, estaba perdiendo la perspectiva. Todo acerca de mi vida parecía difícil, e incluso decisiones fáciles comenzaron a poner en peligro mi paz. Me sentía avergonzado de cuán débil y patético había llegado a ser. Dejé de soñar, y mi único enfoque era sobrevivir cada día.

No estaba bien, pero no tenía ni idea de qué hacer al respecto.

Mi esposa vio que de algún modo me las arreglé para ocultarlo a todos los demás. Soy el tipo de persona que no quiere decepcionar a nadie. Ya que soy el típico hijo mayor, mi enfoque de la vida es cerrar la boca y hacer lo que sea necesario. Si algo no está funcionando, la "situación" no es el problema; es la persona. Crece. Aprende. Adáptate. Inténtalo con más fuerza. Llega a ser más.

Y lo curioso es que mi vida, según la mayoría de los estándares, era un éxito. Juli y yo nos amábamos mucho, mis hijos me adoraban, mi equipo y mis amigos me respetaban y valoraban, mi papel como director de operaciones seguía creciendo en rango y oportunidades, la organización que dirigía estaba creciendo, y muy a menudo me pedían consultoría o que fuera a hablar a otras organizaciones.

Estaba fracasando con éxito al ver que mi vida interior se desintegraba.

La mayoría de las veces sentía como si estuviera trabajando solamente con una fracción de mí mismo. Había días en los que acostaba a los niños y luego me sentaba tras su puerta, intentando reunir la fuerza necesaria para subir las escaleras y salir de nuestro sótano. Hacía todo lo que podía para darles a mis hijos lo mejor de mí, lo cual me exigía ser tremendamente bueno compartimentando mi vida. Sinceramente creía que si tuviera las respuestas, o la formación, o las personas correctas, podría delegar y poner orden en mi mundo.

Había momentos largos en los que parecía que me iba bien compartimentando, pero los vientos de la vida finalmente derribaban mis particiones, dejándome desprotegido ante las tormentas que golpeaban desde afuera y desde adentro, dejando ver que mi dominio no era sino una farsa.

Lo peor eran las noches. Sabía que el adormecimiento que parecía apoderarse de mí a las 10:00 de la noche era solo una ilusión, y que en cuanto pusiera mi cabeza en la almohada, mi necesidad de control me haría intercambiar el sueño por el insomnio, pasando las horas de la noche haciendo intentos desesperados por vendar las fracturas en mi mundo.

Tras unas pocas horas de desasosiego y trabajo infructuoso, me ponía a orar, lo cual básicamente consistía en rogar que me durmiera para poder operar y sobrevivir a lo que me trajera el día siguiente. Se podría decir que esos lamentos nocturnos estaban dirigidos a ordenar el mundo conforme a mi diseño. Claro está que había momentos en los que entregaba mis ansiedades a Dios, pero "echar mi ansiedad" era algo parecido a confiar que Dios me diera lo que yo quería, en lugar de buscar lo que Jesús ofrecía como un yugo fácil y una carga ligera.[1]

Soy un tanto terco, así que este quebrantamiento probablemente tomó más tiempo del que era necesario. Pero, finalmente, después de una serie especialmente prolongada de noches en vela, me di cuenta de que no podía hacer nada. Es decir... nada de nada. Era como si mis sistemas corporales se estuvieran apagando, y me daba miedo. Como de costumbre, estaba cautivo de la creencia de que había trabajo importante que hacer, pero mi esposa me decía que el mundo tendría que girar sin mi contribución. En ese punto, ni siquiera podía argumentar con ella. Tras un par de horas de hacer inventario de lo mal que estaba, accedí a rendirme, sabiendo que no tenía ni idea de lo que significaba "rendirme". Le prometí a Juli que, por primera vez en mi vida, cambiaría la actividad por un largo periodo de quietud y soledad.

No mucho después de eso, me despedí de mi familia y me subí a un avión hacia un lugar tranquilo en Florida.

Hay palabras que solo se forman en el silencio.

Era mi segunda mañana solo... y viviendo en silencio. El primer día fue básicamente una desintoxicación, la cual consistió en sentirme mal por estar lejos de mi esposa, de mis hijos, y del trabajo significativo. Sin embargo, tras unas horas de olvidarme de algún modo de que estaba en juego mi cordura, entré en razón y tuve un momento de revelación en la cocina. Algo cambió en mí a medida que un proceso íntimo e intenso de sanidad había comenzado a actuar.

Por primera vez en mucho tiempo, el Salmo 127 cobró vida para mí, y me fui a la cama en paz.

Por demás es que os levantéis de madrugada, y vayáis tarde a reposar, Y que comáis pan de dolores; Pues que a su amado dará Dios el sueño.   (v. 2)

Durante ese periodo estaba tomando remedios para ayudarme a dormir, cosas que eran a la vez naturales y no tan naturales. Cuando llegaba la noche, se me aceleraba el corazón si no sabía dónde estaban mis ayudas para el sueño o si no me las tomaba a la hora correcta. Todo tenía que ser perfecto, desde la hora en que me tomaba mi último vaso de agua hasta el minuto en que apagaba mi teléfono para dormir, pasando por que mi almohada estuviera arreglada y que las cortinas estuvieran cerradas. Aunque, según mis patrones de sueño, mis obsesivos esfuerzos no estaban funcionando.

Con una mayor claridad de la que había tenido en mucho tiempo, sabía que Dios me estaba ofreciendo un sueño tranquilo, que no estaba basado en mi habilidad de arreglar primero las cosas, o "que comáis pan de dolores". Comenzaba a aprender que la paz no se encuentra en tener todas las respuestas, sino en estar en sintonía con Aquel que es la Respuesta.

Así que me fui a la cama, como hacen las personas normales.

Al poco de empezar la noche, el sueño vino a mí y me arrulló en sus brazos hasta que el sol acabó con él. Mientras emergía lentamente de mi embriagante sueño, hubo una invitación que viajó desde mi espíritu hasta mis labios. Sin darme cuenta de lo que estaba sucediendo, me escuché decir: "La oración se convertirá en el centro de tu vida, y quiero que escribas lo que te doy... ¿me vas a obedecer?". Nunca había experimentado un despertar igual. Cautivado por el momento y por *algo* dentro de mí que estaba seguro de que estaba fuera de mi consciencia, susurré: "Sí".

Sin embargo, a medida que mi mente comprendía lo que acababa de suceder, comencé a cuestionar mi respuesta. A fin de cuentas, yo no era ningún experto en la oración y, claramente, era terrible gestionando lo que Dios ya me había encomendado hacer. ¿Sería eso tan solo uno más de mis juegos de productividad, una especie de comprensión santificada?

Provengo de una familia de escritores, así que podía entender bien ese mundo, pero me sentía tremendamente inepto para escribir sobre la *oración*, especialmente considerando el estado de mi vida. Después de la escuela, hice un intensivo de oración de un año de duración con un grupo de ochenta o noventa estudiantes, pero eso difícilmente me calificaba para escribir un libro sobre el tema, en especial considerando cómo mi ansiedad, inseguridad y egocentrismo habían exprimido en gran medida mis oraciones hasta sacarles la vida.

Nada de eso tenía sentido para mí. Un aluvión de dudas cobró vida en mi mente, y llevé cada una de ellas al Padre, confiado en que yo me había inventado todo este asunto, o el mensaje de algún modo había sido entregado a la persona equivocada. Pero, según pasaban los minutos, no encontraba alivio en la realidad de la mañana; había un residuo santo que no podía hacer desaparecer.

El lugar donde me alojaba estaba solo a diez minutos de una playa, así que me adentré en los brazos de la naturaleza con la esperanza de que la expansión de las aguas y el cielo abrieran mis ojos y aquietaran mi corazón. Mientras caminaba por la playa vacía, me acordaba de que Gedeón, cuando se vio ante lo que parecía una invitación imposible, pidió múltiples señales para aliviar sus dudas. Gedeón también tuvo las agallas de decir: "¿Se puede saber dónde has estado, Dios? ¿Dónde está la evidencia de tu fidelidad y liberación? Hemos escuchado acerca de tus milagros, pero lo único que conocemos es la miseria. Ciertamente te has olvidado de nosotros".[2]

Varios meses antes de este momento en Florida, habíamos tenido a unas cuantas parejas en nuestra casa para pasar una noche de oración y adoración (idea de mi esposa, no mía). Más tarde, esa misma noche, cuando todos habíamos bajado las defensas,

Juli sugirió que cada uno contara un poco de lo que Dios estaba haciendo en su vida. Ella se lanzó primera, y probablemente esperaba que yo siguiera después. No lo hice. Mi silencio desafiante era palpable, y otra persona amablemente tomó mi lugar, aliviando a la sala de su incomodidad. Finalmente, todos compartieron algo menos yo. Se estaba haciendo tarde, y yo solo quería esconderme detrás de una oración y despedir al grupo; sin embargo, sabía que eso no era una opción. La sala estaba esperando que yo dijera algo, y aquellas personas eran de las que no permiten que nadie se salga con la suya en cuanto a tener una actitud de cobardía.

Está bien —pensé—, compartiré algo.

Le dije al grupo que sentía que la presencia de Dios me había abandonado, que me sentía usado y pasado por alto, que mi vida espiritual consistía en poco más que acciones vacías. Recordaba un tiempo en el que experimentaba la conexión y la confianza que ellos habían descrito como parte de su propio caminar con Dios y de su propósito, pero mi camino parecía más bien una marcha sombría hacia una niebla que seguramente terminaría en agotamiento y fracaso.

A su favor diré que ellos no justificaron mi dolor o experiencia, sino que simplemente oraron por mí. Durante el tiempo de oración, uno de ellos compartió que él creía que Dios iba a redimir ese dolor, y que en esta época de desorientación nacerían promesa y propósito. Eso sonaba hermoso, y ciertamente yo quería que lo que él dijo se hiciera realidad, pero lo único que pude hacer fue asentir y darle las gracias. Aún permanecía en mí la insensibilidad.

Así que allí estaba yo, en Florida, cargando esos momentos y esas palabras conmigo. Por primera vez en años me sentí profundamente conectado al Padre, así que en algún lugar de mi corazón pedí lo que no sabía cómo pedir. Quiero decir, ¿qué tipo de señal se necesita para saber que debería escribir un libro sobre la oración?

Pero la petición, aunque fue muy débil, ya estaba hecha, y mi corazón me parecía más ligero, casi como si la pelota volviera a estar en la cancha de Dios y me hubiera quitado la imposible responsabilidad de encima de mis hombros.

Con una sensación de alivio, emprendí el regreso a casa. A medida que avanzaba el día, la playa se iba llenando de gente, y sabía que no podía vivir siempre solo con asentimiento con la cabeza y saludos. En algún momento, alguien intentaría arrancarme una conversación. Al fin y al cabo estaba en el Sur, y al pensar en mi compromiso de estar callado, sabía que aquí resultaría raro. Estaba cerca de casa, cuando una voz amable, con lenta pronunciación típica sureña, llamó mi atención.

"Buenos días, joven".

Miré a mi alrededor, pero no veía a nadie. Quizá, como había ocurrido al comienzo del día, tan solo me estoy imaginando cosas, pensé... así que seguí caminando.

"He dicho buenos días, joven".

Esta vez la voz sonó más fuerte, y supe que no era algo que estaba en mi cabeza. Al volver a mirar en dirección a la voz, puede ver ahora a un hombre amable y distinguido en un porche de una casa, sentado en una mecedora. Un grupo de árboles me habían impedido verlo, pero parece que él sí me vio a mí. Ahora, ese era el momento raro que yo me había temido. No bastaría simplemente con asentir con la cabeza, especialmente porque el caballero ya pensaba que lo había ignorado la primera vez. Rápidamente busqué la guía del Espíritu, y me quedó claro que tenía que romper mi silencio.

"Buenos días, señor", le dije. "Perdón, no le veía con esos árboles. ¿Cómo está usted hoy?".

Me esperaba la típica respuesta, algo parecido a: "Estoy bien, ¿y usted?", pero este hombre quería tener una verdadera conversación conmigo. Me dijo cuál era su nombre, Iván, y me invitó a sentarme con él en el porche. Yo rechacé amablemente su invitación, diciendo que tenía que regresar a la casa antes de que el sol sacara partido de mi blanca piel. Él asintió y siguió hablando, y sus palabras formaban un aluvión de preguntas que bloquearon mi camino a casa. Iván quería saber quién era yo, lo que hacía, cuáles eran mis pasiones, mi color favorito, el número de zapato que calzaba... ya te imaginas. Una hora después seguíamos conversando, él sentado en el porche y yo cerca de él, de pie, avanzando centímetro a centímetro de manera furtiva hacia una escapada discreta a la casa donde me alojaba.

Pero, a esas alturas, Iván finalmente me dijo algo sobre sí mismo: estaba batallando con un cáncer terminal, y los médicos le habían dicho que le quedaban seis meses de vida.

De repente, llegar a la casa no parecía tan importante. Sentí que era providencial que mi silencio me hubiera guiado hasta ese momento; ahora era mi turno de hacer las preguntas.

Mientras preguntaba amablemente, Iván me contó su historia. Aunque era un hombre modesto, tenía un estilo de vida con el que la mayoría de las personas sueñan, llena de aventura, amor y éxito. Como director de un instituto, había transformado una de las peores escuelas en una escuela de primera categoría, un cambio casi imposible. Como capellán y misionero, había recorrido el mundo ayudando a otros y posicionándolos para crear legados y forjar caminos por sí mismos. Y en esos momentos estaba rodeado de dos generaciones de familia, los cuales lo amaban y respetaban.

Pero la edad es solo un número, e Iván seguía siendo joven de corazón, viviendo con un sentimiento de que aún le quedaban cosas por hacer. Una muerte inminente no tenía ningún sentido para él, así que la oración de Iván era que Dios le diera al menos diez años más. Le pregunté si creía en los milagros, y dijo que sí. Conversamos sobre los milagros que habíamos visto y cómo Dios, de formas bellas y extrañas, tiene un truco para hacer posible lo imposible.

Sabiendo que Dios me había invitado a una mayor revelación de la oración, me ofrecí a orar por él. En ese momento él había bajado del porche y estaba de pie a mi lado. Impuse manos sobre él y oré lo que había en mi corazón. Peleé pidiendo sanidad y restauración con cada gramo de fe que pude encontrar en mí. Si la fe como un grano de mostaza podía mover montañas, seguro que un milagro molecular estaba al alcance del Espíritu. Había visto ocurrir milagros, sabía que el reino de Dios tiene una manera de romper los resultados esperados y entrar en el quebrantamiento de nuestras vidas, en cada nivel de nuestra existencia. ¿Por qué no iba a ocurrir en ese momento?

Después de orar por Iván, él quiso orar por mí. Con lágrimas en nuestros ojos, nos abrazamos mientras elevábamos nuestro amén. Que así sea, Padre.

Tres horas después, finalmente llegué de regreso a la casa. Para mí, esa era la señal que necesitaba. Esa misma mañana, el Padre me había pedido que escribiera sobre la oración, y después me guio a Iván. Seguro que mi nuevo amigo iba a ser sanado, y este testimonio sería el ancla para lo que Dios me estaba pidiendo que aprendiera y escribiera.

Llamé a mi esposa y le conté toda la historia. Decidimos ayunar y orar por Iván, para que Dios le infundiera la fuerza que necesitaría para abrazar el milagro. En unos días, Juli y los niños se reunirían conmigo en Florida para pasar un tiempo en familia, y me emocionaba pensar que iban a conocer a Iván y a su familia.

Al día siguiente, Iván y yo nos sentamos y conversamos durante horas. Y sí, esta vez me senté con él en el porche. Hablamos mucho sobre lo que significa ser hijos y recibir de nuestro Padre celestial. Le regalé un libro que tenía en casa, un mensaje sobre ser firmes y no rendirnos. Se leyó el libro en menos de veinticuatro horas, disfrutando cada página. Su yerno, Michael, y yo hicimos planes para vernos con las familias cuando llegaran Juli y los niños. Pasamos un día en la playa juntos, seguido de una maravillosa cena en el lugar donde nos alojábamos. Nunca olvidaré estar allí sentado con Michael e Iván… cuando ya se había puesto el sol, con un ligero frescor en la brisa, pero entibiados por las conversaciones sobre la fidelidad y la bondad de Dios.

Al día siguiente su familia dejó la casa, y nuestros caminos se separaron, prometiéndonos estar en contacto. Todos estábamos avivados y animados por el tiempo que habíamos pasado juntos, y todos con la esperanza y la oración de que Dios sanara a Iván.

Sin embargo, tres meses después, Iván se fue.

Y nada tenía sentido.

¿De verdad, Dios? ¿Un libro sobre la oración?

¡Qué cruel!

Todos hemos visto oraciones "sin respuesta". Al menos ese es el término que usamos cuando parece que una oración no ha tenido repercusión alguna, ninguna evidencia de que el cielo tocara la

tierra. Pero, para mí, toda esa situación era algo más que una oración sin respuesta; me parecía como si yo no hubiera escuchado
bien a Dios, o que Él me hubiera traicionado. Y después estaba
la familia de Iván... no quería decirle a mi familia lo que le había
sucedido a Iván, pero su familia no tenía esa opción. Su amado
padre, abuelo y esposo se había ido.

Sé que la oración es mucho más que conseguir lo que pedimos,
pero para la mayoría de nosotros, aunque solo sea a nivel del sub-
consciente, la oración se juzga por su eficacia, y la medida de esa
eficacia generalmente está basada en lo que vemos y juzgamos con
nuestros ojos.

Y mis ojos me decían que había fallado.

Me parecía que nada tenía sentido.

Quería negar que Dios me había guiado a Iván, pero no podía
hacerlo por mucho que lo intentara. El Espíritu de Dios, en medio
de mi dolor, tristeza y quebranto, continuaba invitándome a la
misteriosa verdad de la oración, lo cual se parecía mucho a intentar conocer mis dudas y aceptarlas. Pasó el tiempo, cambiaron las
estaciones, y un día finalmente ofrecí otro débil *sí* a la invitación
del Padre de redescubrir la oración. En gran medida dejé de huir
de lo que Dios me había pedido hacer, sabiendo que, de nuevo, no
sabía lo que me exigiría la rendición.

Había oído que existía algo denominado la duda santa, pero
pensar en ello me parecía algo lioso y contradictorio; sin embargo,
me volví un poco más sincero con mis dudas. Era como si les estuviera poniendo nombres y caras, y después las ubicara en una
estantería para que tanto Dios como yo pudiéramos mirarlas tranquilamente y averiguar qué ocurría con ellas.

Durante este tiempo, Dios me mostró que incluso Abraham, aquel a quien la Escritura llama el padre de la fe,[3] dudó de Dios. Su duda lo condujo a una conducta de rascarse la cabeza, como entregar a su esposa a otros hombres y tener sexo con una sirvienta para tener a su heredero. Sin embargo, Pablo escribe que, de algún modo, Abraham nunca sucumbió a la incredulidad. Eso me llevó a buscar la diferencia entre incredulidad y duda, porque está claro que Abraham dudó.

Para decirlo de manera sencilla, la incredulidad es el rechazo de Dios mismo, mientras que la duda es el rechazo de nuestra *idea* de Dios. La incredulidad es negar la fidelidad de Dios. La duda es cuestionar cuándo o de qué forma Dios será fiel. La incredulidad conduce a la apatía. La duda a menudo conduce a una acción prematura.

Comprendí que no era que yo hubiera dudado de la capacidad de Dios de hacer lo que desee hacer, sino que tan solo dudaba de mí mismo, de mi valía, de mi percepción, habilidad y perspicacia. La verdad es que Dios ha hecho grandes cosas con personas que han dudado de modo sincero durante los años. La duda, cuando se reconoce, se expresa y se entrega a Dios, se transforma en fe.

Para decirlo directamente en forma de pregunta: ¿Podemos saber que Dios es fiel hasta que la vida nos haya dado razones para dudar de su fidelidad?

Hay una secuencia impactante de versículos en el segundo capítulo de la carta de Pablo a la iglesia en Filipos. El pasaje dice:

> el cual [Jesús], *siendo en forma de Dios, no estimó el ser igual a Dios como cosa a que aferrarse, sino que se despojó*

*a sí mismo, tomando forma de siervo, hecho semejante a los
hombres; y estando en la condición de hombre, se humilló a
sí mismo, haciéndose obediente hasta la muerte, y muerte de
cruz. Por lo cual Dios también le exaltó hasta lo sumo, y le dio
un nombre que es sobre todo nombre, para que en el nombre
de Jesús se doble toda rodilla de los que están en los cielos, y
en la tierra, y debajo de la tierra; y toda lengua confiese que
Jesucristo es el Señor, para gloria de Dios Padre.* (vv. 6-11)

En un verdadero estilo paulino, encontramos temas entrela-
zados que, a primera vista, no parecen encajar; pero con algo de
tiempo y consideración, tienen un modo de converger y formar
distintas dimensiones de verdad. Estos versículos, incluso, contie-
nen una estructura rítmica que es más típica de un poema que de
la prosa usual de Pablo, un matiz que, desgraciadamente, se pierde
en la traducción del texto al español. Sin embargo, la esencia del
poema es que la jerarquía de poder, incluyendo las punzadas de la
muerte, quedó redefinida por la vida y el sacrificio del amado Hijo
de Dios, Aquel cuyo nombre es sobre todo nombre, y llegará el día
en el que toda rodilla se doble ante la revelación de quién es Él.

En la mayoría de las Biblias encontrarás una separación entre
los versículos 11 y 12, pero la idea de Pablo continúa más allá del
poema. De hecho, él comienza el versículo 12 con la palabra griega
hōste ("por tanto" o "así que"), por lo que claramente vemos que
está dando continuidad y construyendo sobre esa idea: *Por tanto,
amados míos... ocupaos en vuestra salvación con temor y temblor,
porque Dios es el que en vosotros produce así el querer como el hacer,
por su buena voluntad.*[4]

Veamos la secuencia de estos dos versículos. En primer lugar,
Pablo nos recuerda que somos los amados, amados de Dios y seguros en ese amor. A fin de cuentas, este es el amor que adoptó la

semejanza de la humanidad, incluso sufriendo la muerte en una cruz, para revelar quiénes somos y lo que hemos sido llamados a ser. Esta revelación de ser amados es nuestro fundamento, y nos alentará a viajar por el cañón para encontrar la Voz. Nos ayudará a caminar entre las dudas que nos impiden entender a Dios, a nosotros mismos y a los que nos rodean, y lo que todo esto significa. Desde esta certeza, se nos dice que hagamos la difícil tarea de entregar cada gramo de nuestro ser con temor y temblor. En otras palabras, este trabajo es duro y da miedo: un trabajo que nos llevará al límite de nosotros mismos y que nos llamará más allá de nuestras pequeñas creaciones, respuestas e ideologías hasta la *otredad* de los caminos y la voluntad de Dios. Se nos promete que Dios mismo hará su obra en nosotros, y a medida que nos rendimos, Él trabajará con nuestra voluntad, transformando un tímido "sí" en un contundente "¡Que así sea!".

Mientras exploraba las profundidades de la oración, este pasaje de Filipenses se convirtió en una cuerda salvavidas para mí. A menudo oraba: "Padre, no sé qué desear, pero te entrego a ti mi voluntad. Como tu hijo amado, confío en ti. Llévame donde de otro modo yo no iría". Debemos recordar que pocas veces conocemos las respuestas correctas que debemos buscar o incluso cómo buscarlas, "pues qué hemos de pedir como conviene, no lo sabemos".[5] Pero, incluso en nuestro silencio e ignorancia, Dios se reúne con nosotros con gemidos que nunca fallan a la hora de hacer su obra.

La oración, como la vida, siempre retendrá algo de misterio, y si alguien te dice lo contrario, está reduciendo a Dios a su propia imagen, perdiendo de vista cuál es el propósito y el diseño de la oración. Cuando tenemos comunión con el Eterno, habrá misterio.

Como Pablo proclama en otro lugar, tomando prestado del profeta Isaías:

> *¡Oh profundidad de las riquezas de la sabiduría y de la ciencia de Dios! ¡Cuán insondables son sus juicios, e inescrutables sus caminos! Porque ¿quién entendió la mente del Señor? ¿O quién fue su consejero?* (Romanos 11:33-34)

"Si las palabras de Pablo son ciertas", podrías preguntar, "entonces ¿para qué molestarse? ¿Para qué intentar participar si Dios es insondable y sus caminos son imposibles de entender? ¿Cómo viajarán nuestras oraciones por los caminos de su santo entendimiento?". La respuesta es a la vez sencilla y misteriosa: fuimos creados para esos caminos. Por el simple hecho de que algo sea misterioso no quiere decir que no se pueda ni se deba buscar. Como seres con la eternidad escrita en nuestro corazón, fuimos creados para entender lo que ahora está cubierto de misterio.[6] Y, solo participando, especialmente cuando no comprendemos del todo, es como comenzamos a entender lo que está actualmente más allá de nuestro alcance.

El viaje para entender la oración es circular, estacional, cíclico. Usa la palabra que te guste, pero el final de algo tiene la capacidad de llevarnos de nuevo al principio. Una vez dominada una idea, concepto o habilidad, nos parece que volvemos a ser novatos porque el camino por delante es más largo con el aprendizaje. Imagino que es cierto que quienes más saben afirman ser los que menos saben; los más sabios entre nosotros escuchan para aprender, mientras que los inmaduros escuchan para tener la oportunidad de demostrar lo que han aprendido.

A menudo me quejo de lo que me parece ser un regreso a una etapa previa, peleando batallas de duda, debilidad e inseguridad que pensé que ya había superado. Sin embargo, el Espíritu me recuerda que mi viaje no es lineal, viajando de un punto A hasta un punto B. Una vida significativa es demasiado empinada para una línea recta de descubrimiento. Ahí es donde entra el regreso. Si alguna vez has estado en un camino en zigzag, sabrás a lo que me refiero. Esas sendas te llevan hacia delante y hacia atrás, horizontalmente, para ayudarte a lograr la meta de ascender y descender por un terreno empinado. Los zigzags pueden parecernos algo lentos, y si eres impaciente, puedes comenzar a creer que la visión no está cambiando, y que no estás llegando a ninguna parte. Pero la verdad es que estás viendo el panorama desde una nueva perspectiva privilegiada, y sí, esto le ocurre incluso al escalador más lento. Tu momento presente es a la vez conocido y nuevo, y así es como debe ser. Puedes sentir que estás volviendo a visitar el mismo dolor o lucha del pasado, pero no te creas esa mentira.

Nuestro viaje por el cañón de la oración es así. Nunca es estático, siempre es dinámico. Esa es una de las razones por las que se nos dice que oremos sin cesar. Las cosas cambian constantemente, y nuestras oraciones nos hacen ser conscientes del cambio, impidiéndonos creer la mentira de que estamos atascados en el medio, únicamente gritando al silencio.

Con vuestra paciencia ganaréis vuestras almas.

(Lucas 21:19)

Uno de nuestros grandes retos para entender la oración y participar en ella, es que nuestra idea de la misma está infectada por nuestra búsqueda de lo inmediato. Resultados instantáneos. Éxito acelerado. Comida de microondas. Ya entiendes la idea. Por lo tanto, si lo que queremos no lo vemos poco después de haber orado, es tentador tirarlo todo por la borda; sin embargo, a medida que exploramos y conocemos bien la narrativa de la oración como se revela en las Escrituras y en la historia humana, nos damos cuenta de que a través de la oración nos escapamos de los límites del tiempo y nos unimos a una frecuencia relacional que envuelve y aviva a todos los hijos de Dios, a los que son llamados a ser administradores de su reino, los Santos que ven lo invisible.[7]

Si el uso que hago de *Santos* y *reino* te parece algo extraño, resiste un rato, ya que exploraremos estas ideas más adelante; por ahora, cuando veas *reino*, piensa en la demostración o la evidencia de la soberanía o el gobierno perfecto de Dios; una forma y función eternas que empoderan y sostienen el desarrollo humano y cósmico.

Cuando comenzamos a ver la oración como nuestra oportunidad para participar en lo que finalmente es cierto con respecto a todo, se convierte en algo más que lo que al principio habíamos pensado que era; es decir, el mecanismo para llevar a Dios nuestras peticiones. Y es solo dentro de la grandeza de esta visión de la oración como podemos descubrir una vida de propósito integrada que ofrece sentido y significado, en lugar de una existencia pequeña y frustrada.

3

LA ORACIÓN

"Dios se entrega a los que oran".

E. M. Bounds, *El poder a través de la oración*

"Solía creer que el Padre Nuestro era una oración corta; sin
embargo, a medida que vivo más tiempo y veo más de la vida,
comienzo a creer que no hay manera de terminarlo.
Si un hombre, haciendo esa oración, se detuviera en cada
palabra hasta que la hubiera orado exhaustivamente,
le tomaría toda una vida".

Henry Ward Beecher, *Life Thoughts (Pensamientos de vida)*

La oración es una de esas cosas que casi todo el mundo hace.
Existe ese sentimiento *a priori* de que tenemos que orar. Incluso las
personas que no se postulan por ninguna religión o ni siquiera se
considerarían espirituales, son conocidas por orar cuando se dan
las condiciones correctas o cuando son muy, muy malas.

Una encuesta reciente reveló que el 90 por ciento de los estadounidenses creen en un poder superior,[1] un poder que, de una u otra manera, es alguien o algo fuera de nuestro alcance, pero a la vez disponible para todos. Para muchos de nosotros, la oración es un intento de conectar con ese alguien o algo. Prácticas como el silencio, la soledad, la meditación, la consciencia plena, el perdón expresado y la gratitud, son algo que incluso los no religiosos defienden como necesario para nuestro bienestar, la autorrealización y el éxito en el alocado mundo de hoy.

Cuando nuestras salvaguardas mentales o espirituales son insuficientes, ahondamos más, sintonizando con una vena de existencia que resuena con la pureza y la certeza de la omnipresencia de Dios. Podemos sentir que hay algo *además* de lo que podemos expresar, lo cual nos conduce, a menudo en contra de nuestra voluntad consciente, hacia el mundo de la oración, misterioso pero muy real.

Es tentador reducir cualquier cosa o todo lo tocante a la oración a frases hermosas y trucos útiles, pero el camino de la verdadera conexión con Dios es mucho más emocionante. Muchos de los zigzags de la oración no se pueden entender hasta que se recorren, y está bien. Se nos ha condicionado a perseguir la conveniencia y lo fácil, especialmente en nuestra búsqueda de Dios, pero la antropología básica confirmará que anhelamos algo mucho más aventurero. Aunque las comodidades materiales son buenas para la piel y pueden, sin duda alguna, vaciarnos las carteras, el alma, en cambio, revive con el propósito, la lucha significativa y la conexión auténtica.

La oración, como Dios quiere que sea, es todo menos aburrida y predecible. Es, en un sentido real, el ticket hacia la narrativa cósmica, abriendo nuestros ojos a la historia mayor para que podamos ubicar nuestro rastro y hacer nuestra parte. ¿Nuestra parte conllevará misterio? Sí. ¿Incluirá preguntas osadas? Sí. ¿Demandará mover montañas? Sí. ¿Exigirá una confianza tranquila? Sí. La oración es el lugar donde se integran todas esas partes aparentemente contradictorias que hay en ti.

Las fórmulas son estupendas para los sistemas y productos impersonales, pero la oración no es un sistema, y es todo menos impersonal. Hay muchos principios universales y eternos en cuanto a la oración, y sería necio no tomar prestado de los Santos, tanto pasados como presentes; sin embargo, una vida de conexión real con Dios funcionará solamente si en algún punto pagamos el precio de hacerla nuestra. Si quieres un modelo, mira a quienes motivan tu búsqueda de Dios, arrastrándote a un mayor entendimiento de fe, esperanza y amor, las cualidades deleitosamente escurridizas que de algún modo revelan que la eternidad está aquí y ahora. Escúchalos y observa cómo oran.

Para algunos de nosotros, la oración se ha convertido en un mecanismo para conseguir lo que queremos sin tener que trabajar por ello. "Nuestra sociedad —escribe Eugene Peterson— se ha abaratado por la expectativa de los milagros: Dios como un atajo sobrenatural para no tener que involucrarnos en la tarea profundamente dimensional, infinitamente difícil, y dolorosamente gloriosa de ser un humano que vive por fe".[2] Oramos por salud y sanidad mientras rehusamos descansar, comer bien y hacer ejercicio. Pedimos una bendición económica y a la vez rechazamos las instrucciones básicas de las Escrituras sobre la administración. Le pedimos a Dios sabiduría y propósito mientras nos atiborramos de Netflix, y en pocas ocasiones abrimos nuestra vida a la Palabra y sus caminos. Ahora bien, para ser claro, no estoy sugiriendo que nuestra vida y nuestras actividades deban ser perfectas para poder orar. La perfección, en ese sentido, es una ilusión y el enemigo del progreso espiritual; o cualquier forma de progreso, de hecho.

Además, Dios usa nuestras oraciones para perfeccionarnos, así que Él nunca desalienta la oración, por muy imperfecta que pueda ser nuestra práctica. Lo que estoy sugiriendo es que revisemos por qué oramos y, al hacerlo, descubramos cómo Dios usa la oración para revelar lentamente, y a veces de forma repentina, su propósito, carácter y poder en nosotros. Tal exploración abrirá nuestros ojos a la maravilla de la oración y nos impedirá reducirla tan solo a otra forma de idolatría.

La oración es la puerta de entrada a lo milagroso, pero es también nuestro modo de reconocer lo milagroso que nos rodea. Como escribió Elizabeth Barrett Browning:

"La tierra se ha embutido con el cielo.
Y todos los arbustos comunes arden con Dios,
Pero solo el que ve se quita el calzado".[3]

Vivimos en tierra santa, donde cada pedacito de materia está bailando por su Creador. La pregunta es: ¿podemos ver nuestro espacio como algo sagrado? Cuando lo hacemos, nos damos cuenta de que la oración es mucho más que una transacción a realizar. Es un espacio en el que habitamos, siempre disponible para aquellos con ojos para ver, oídos para oír, bocas para hablar, mentes para conocer, y corazones para sentir. La santidad de la oración nos exige toda nuestra vida, porque lo es todo.

Todo aquello que pensamos, lo que sentimos, decimos y hacemos es importante para Dios. Su Espíritu examina y descubre la sustancia de nuestra vida. Y es en la oración, y por medio de ella, como nuestros sentidos se agudizan y nuestra vida mental, tan a menudo dominada por el temor a la autopreservación, encuentra libertad de su egocentrismo y madura hacia una consciencia mayor.

Por muy maravilloso que suene todo esto, también suena algo arriesgado. ¿Cómo reconoceremos el éxito cuando lo veamos? ¿Cómo sabemos que lo que oímos es la Voz? Al margen de la promesa, tenemos tendencia a luchar con Dios por el control. Él comparte sus caminos con nosotros, y nosotros replicamos con algo... mejor. Y con "mejor" me refiero a algo que podamos manejar, manipular o controlar. Vemos este intercambio vivido una y otra vez en las Escrituras. Un ejemplo es lo que ocurrió entre Dios e Israel en el Monte Sinaí.

Dios había liberado a su pueblo escogido de la esclavitud y lo había llevado al desierto. Su idea era la intimidad. Mediante el poder del pacto, ellos tenían que ser una nación para las naciones. Santa. Hermosa. Diferente. Una colección de realeza y sacerdocio, agentes de su reino, sintonizados con el Padre y sus planes para nuestro buen mundo.[4]

Pero Israel rechazó la oferta de Dios de relación y propuso un contrato religioso. Las condiciones:

+ Nos mantendremos alejados.

+ Dios puede decirnos qué hacer mediante un sacerdote, pero que no nos hable.

+ Obedeceremos a Dios.

+ Nos sucederán cosas buenas.

+ Todos están contentos.

La respuesta de Dios a sus condiciones:

No temáis; porque para probaros vino Dios, y para que su temor esté delante de vosotros, para que no pequéis.

(Éxodo 20:20)

Cuando leemos Éxodo 20:20, en realidad parece que Moisés está expresando un doble discurso: no teman, Dios quiere ver si le temen. Pero Moisés, en verdad, está diferenciando entre el temor del Señor y tener miedo de Dios. Un temor es bueno, y el otro malo. El temor del Señor es lo que nos empuja a acercarnos hasta la presencia de Aquel que es santo; el otro, a Aquel que es distinto a cualquier cosa que hayamos visto jamás. La invitación a temer a Dios es el llamado a soltar el control que viene con nuestra visión limitada de Dios y a ver a Dios como Él es; una invitación aterradora, a decir verdad. Pero este ver o conocer es el deseo más profundo de nuestro corazón; es aquello para lo que fuimos creados, de modo que no debemos retroceder. Eso, más o menos, es lo que Moisés les está diciendo a ellos (y a nosotros también).

Pero el pueblo estuvo a lo lejos, y Moisés se acercó a la oscuridad en la cual estaba Dios.[5]

Podríamos decir que Moisés entró en la oscuridad temporal para encontrar la Luz eterna, mientras que Israel permaneció en la tierra de las sombras. ¿El resultado? Unos capítulos después, Israel está adorando a un becerro de oro, entregándose al padre de todo pecado (la idolatría), y llamando a la obra metálica de sus manos YHWH, el nombre usado exclusivamente para Dios. Claramente, su contrato religioso no funcionó. Su distancia de Dios no los salvó de sí mismos. La ley, por muy buena que fuera, no pudo cambiar su corazón; solo la unión con Dios haría eso.[6]

Como resultado, en lugar de una nación de sacerdotes, por un tiempo una sola tribu, los levitas, serían el pueblo de la presencia de Dios.[7] En muchos pasajes Dios lamenta la desviación de Israel de su plan original de relación.[8] Este es uno de ellos:

Añadid vuestros holocaustos sobre vuestros sacrificios, y comed la carne. Porque no hablé yo con vuestros padres, ni nada les mandé acerca de holocaustos y de víctimas el día que los saqué de la tierra de Egipto. Mas esto les mandé, diciendo: Escuchad mi voz, y seré a vosotros por Dios, y vosotros me seréis por pueblo; y andad en todo camino que os mande, para que os vaya bien. (Jeremías 7:21-23)

Es fácil ver al pueblo de Israel y cuestionar su incredulidad. Estas son las mismas personas que vieron cómo se dividía el Mar Rojo, un río convertido en sangre, y más ranas de las que la mayoría de nosotros veremos en cien vidas. Sin embargo, si somos sinceros, no somos distintos a ellos. Somos criaturas de control, y ante la presencia de Aquel que es *otro*, es fácil para nosotros acudir a formas de sofisticada idolatría, como la adoración a nosotros mismos.

Y la adoración a uno mismo es idolatría. Es tentador adorarse a uno mismo porque Dios nos hizo semejantes a Él. Fuimos creados para reinar. Fuimos creados para la gloria. Pero no nos gusta la forma en que Dios forja la gloria en nosotros; por lo tanto, buscamos maneras de rodear tanto a Dios como su plan, todo para poder ser capitanes de nuestro destino, en control del cuándo, qué y cómo. Y demasiados de nosotros usamos la oración como un medio para rodear a Dios (vuelve a leer esta frase). Yo sé que soy culpable de eso. Pero el propósito de la oración es abrirnos los ojos a los caminos de Dios, más específicamente a los propósitos de su corazón. Y si no abordamos la oración desde una postura de rendición, inevitablemente la convertiremos en otra práctica idólatra.

Jesús entró en escena cuando la élite religiosa había perdido de vista a Dios y sus planes, así que estaban manipulando sus instrucciones para oprimir al pueblo y separarlo de Aquel que es Vida. Habían adornado la ley de Dios con muchas leyes propias. Era un juego de poder, un intento de controlar. No cabe duda de que algunos de esos líderes religiosos tenían buenas intenciones, pero esta clase elitista había creado cargas religiosas que nadie podía llevar, e Israel estaba pereciendo por una falta de cercanía e intimidad con Dios.[9]

Cuando estudiamos los caminos de Jesús, vemos rápidamente que era reticente a dar muchas reglas. Hablaba al corazón de un asunto, recordando a la gente por qué existen las reglas. Siempre que los fariseos intentaban atraparlo con una regla (un "cómo"), Él frustraba su pregunta revelando la oscuridad de sus corazones. Los religiosos, por lo general, son buenos para el "cómo", las reglas y demás, pero normalmente luchan con la pregunta más importante: "¿por qué?".

Jesús sabía que si tan solo les daba más reglas (y a nosotros también), aunque esas reglas fueran buenas, los poderes que había encontrarían maneras de manipular y abusar de los mandamientos. ¿Es de extrañar que Jesús simplemente dijera: "Ama a Dios y ama a tu prójimo como a ti mismo"? Es difícil encontrar un camino que rodee esto, ¡pero sabes que lo intentamos!

La religión, cuando se le abandona a sus propios medios, se convierte en una opresora de los débiles y los marginados. Y como la oración es una práctica "religiosa", se convierte fácilmente en una cosa más que "nos" separa de "ellos", alimentando la adoración a nosotros mismos.

El fariseo, puesto en pie, oraba consigo mismo de esta manera: Dios, te doy gracias porque no soy como los otros hombres, ladrones, injustos, adúlteros, ni aun como este publicano.
(Lucas 18:11)

Observa que el fariseo oraba "consigo mismo". Ese era su problema. Su disposición hacia los recaudadores de impuestos reflejaba la salud de su espiritualidad, o la falta de la misma. Este fariseo estaba lejos de su hermano quebrantado, lo cual no hacía sino confirmar el estado quebrado de su alma. El orgullo en su corazón enfermó y aisló a este fariseo, pero las oraciones del recaudador de impuestos, ofrecidas con humildad y necesidad, hicieron su obra de sanidad en su corazón, reclamando pedacitos de él desde el poder desintegrador del pecado.

Cómo y por qué oramos determina cómo y por qué vivimos.

La oración es mucho mayor que nuestra piedad personal. Es mucho más que conseguir lo que necesitamos o queremos de Dios. Es la fuente de la relación: primero con Dios, segundo con nosotros mismos, y tercero con los demás. Es una puerta de entrada a la intimidad, que abre las profundidades y los secretos de Dios en nuestros congéneres. Nada es más expansivo ni más poderoso.

En lo más hondo, sabemos que esto es cierto. Siempre lo hemos sabido.

Sin embargo, no podemos tener una vida de oración vibrante según nuestros propios términos. Hay una manera correcta de orar, y Jesús nunca quiso dejarnos en tinieblas. Por eso, justo en medio de la presentación más larga y exhaustiva de Jesús sobre el desarrollo humano y los caminos del reino, nos enseña a orar: cómo tener palabras con Dios. Sin embargo, Jesús no quiso que fuera una fórmula que pudiéramos manipular o reinventar para nuestros propios fines.

En el Padre Nuestro, no obstante, encontramos algo que parece terriblemente cercano a una fórmula; por lo tanto, cuando Jesús dio instrucciones claras a la gente sobre *cómo* orar, las personas tomaron nota: *Espera, ¿nos está dando una fórmula? ¿Algo que podemos recitar y obtener los poderes mágicos que necesitamos para controlar nuestra vida... y conformar a otros a nuestra voluntad?*

Por supuesto, Jesús sabe que lo sagrado también es peligroso. A pesar del mal uso y abuso de la oración, Jesús sabía lo que hacía cuando nos enseñó a orar; sin embargo, haríamos bien en recordar que con el Padre Nuestro Jesús nos enseñó *cómo* orar, no solo *qué* orar. Sí, podemos orar las palabras mismas, como yo ciertamente hago, pero las palabras son para ayudarnos a oír lo que la Voz nos está diciendo hoy. La secuencia de la Oración también es perfecta, ofreciendo el camino hacia una oración viva. Tertuliano, uno de los padres de la iglesia, dijo una vez que el Padre Nuestro es un resumen de todo el evangelio, y creo que tiene razón.[10]

Y por eso, en este libro usaremos el Padre Nuestro como Jesús quería: no como una fórmula sino como un camino hacia la conexión real, hecha de palabras. El Padre Nuestro ("la Oración") es la oración de integración, la oración que centra nuestra atención en la reconciliación de todas las cosas: Dios y el ser humano, el cielo y la tierra, lo secular y lo sagrado, humano y humano, dolor y promesa.

Quiero darte lo que me gusta llamar el círculo de la oración. El resto de este libro saldrá de estas ocho palabras que comienzan con la letra *p*, pero no dividí el libro en secciones o capítulos con *p*. La vida está demasiado integrada como para eso. Al menos debería estarlo. En cambio, me encantaría que vieras la oración como la interacción de lo que cada una de esas palabras señala. "La esencia de la oración", escribió Paul Tillich, "es el acto de Dios que está obrando en nosotros y eleva todo nuestro ser hacia Él".[11] El círculo de la oración que vemos a continuación nos ayudará a entender cómo obra Dios en nosotros, moviéndonos más allá de nuestro pequeño y aislado sentido del yo, para que podamos vivir conscientes y participar de la belleza y oportunidad que hay a nuestro alrededor y en nosotros.

Presencia — Poder — Promesa — Perseverancia — Perspectiva — Propósito — Petición — Personas

TÚ

Perspectiva: ver las cosas como realmente son

Poder: descubrir la fuerza para ir más allá de nuestra habilidad natural

Promesa: encontrar esperanza cuando estamos cegados por el dolor o la persecución

Perseverancia: contender por lo que finalmente es verdad ante lo que es parcial o temporalmente verdad

Personas: unir nuestros corazones y nuestras vidas con otros

Petición: llevar nuestras necesidades y deseos al Padre

Propósito: ubicar nuestro lugar y nuestra aportación en la vida diaria

Presencia: saber que el Señor está cerca y que ha vencido a las mentiras del enemigo

Toma un momento y medita en el círculo. Probablemente observarás que podrías mover las palabras poniéndolas en lugares distintos, y eso es absolutamente cierto. El punto es que todas estas palabras, y lo que representan, están intercomunicadas. Tu etapa y disposición quizá hagan que algunas de estas palabras sobresalgan como más necesarias o más conectadas que otras, pero no te dejes engañar: todas son necesarias. Si queremos oír a Dios y participar en las conversaciones que más le importan a Él, necesitamos una vida de oración que no deje fuera ninguna de estas facetas.

Con el transcurso de los años, se le ha dado un mal uso y se ha abusado del Padre Nuestro. Tanto es así, que la mayoría nos sabemos las palabras, pero no tenemos ni idea de lo que significan. Para muchos, la Oración apesta a religiosidad, tintada por recuerdos de penitencia o una recitación mecánica. Es mi esperanza que este libro aporte una perspectiva fresca sobre la Oración que se ha vuelto demasiado familiar. La Oración que representa la convergencia de vida, en todos los sentidos posibles, y abre lo más profundo de nosotros a los movimientos del Espíritu eterno de Dios.

El Padre Nuestro fue un regalo de Aquel que conoce mejor al Padre, y por eso oramos.

Padre nuestro que estás en los cielos, santificado sea tu nombre. Venga tu reino. Hágase tu voluntad, como en el cielo, así también en la tierra. El pan nuestro de cada día, dánoslo hoy. Y perdónanos nuestras deudas, como también nosotros perdónamos a nuestros deudores. Y no nos metas en tentación, mas líbranos del mal. (Mateo 6:9-13)

PARTE 2

EL TEMPLO

4

LO QUE LLAMAMOS DIOS

"«Oh Dios» clamé yo, y eso fue todo.
Pero ¿qué son las oraciones de todo el universo más que
expansiones de ese clamor? No es lo que Dios puede darnos,
sino al mismo Dios lo que queremos".
George MacDonald, *Wilfrid Cumbermede*

"Lo que viene a nuestra mente cuando pensamos en Dios, es
lo más importante acerca de nosotros".
A.W. Tozer, *El conocimiento del Dios santo*

¿A quién oras? ¿Y dónde oras?

Cuando oramos, tendemos a ir mentalmente a la iglesia. Nuestro lenguaje cambia, nuestra postura cambia, y nos preparamos para una mentalidad de iglesia; y no es que todo esto sea malo. En el Antiguo Testamento, esa era la mentalidad de los que se acercaban al templo. Era el lugar donde el cielo tocaba la tierra, donde el pueblo se encontraba con un Dios santo, y era un lugar donde sucedían las cosas fuera de lo común.

Sin embargo, cuando comenzamos una oración con esta mentalidad, ¿quién es el Dios con el que nos encontramos ahí?

Acalla tu mente e identifica a la persona o el ser que está al otro lado de tus oraciones. ¿De dónde vino esa imagen de Dios? ¿Cómo se formó en tu mente? ¿Recuerdas alguna imagen, experiencia, historia o relación que te condujo a esa imagen?

Profundicemos un poco más; ¿cómo responde tu dios a tu dolor, confusión y quebranto? ¿O a tus necesidades, deseos y anhelos de ser amado y aceptado? ¿Qué hace que este dios se involucre en tus dificultades, atienda a tus peticiones, preste atención a tus oraciones? ¿Tu dios te tolera, te quiere o te ama?

Está bien que dejes de leer esta página para quedarte a solas con tus pensamientos. Escribe algunas respuestas pensando en estas preguntas: *¿Cómo veo yo a Dios? ¿Por qué veo a Dios de esta manera?*

Tú y yo no nos podemos permitir el lujo de dejar estas preguntas sin contestar, porque la forma de ver a Dios determina cómo vemos todo lo demás. Por eso, uno de los principales propósitos de la oración es ayudarnos a reconciliar (o integrar) nuestras preguntas y nuestro dolor con la naturaleza redentora y eterna de Dios.

En el centro de toda desintegración, tanto interna como externa, hay una visión incorrecta de Dios. Cuando algo se desintegra, se rompe en partículas o fragmentos, convirtiéndose principalmente en una versión irreconocible de lo que una vez fue.

Hay mucho orgullo en esta época que rehúsa aceptar a Dios en su forma completa (o santa), lo cual significa la idea común de que

Dios está distorsionado. Pero la Oración nos reta a rechazar ideas fragmentadas de Dios, impulsándonos a ver a nuestro Creador como un *Padre tierno* y *un Dios santo*. Cuando aceptamos ambas verdades, es cuando vemos a Dios, a nosotros mismos, a los demás y a este mundo como verdaderamente son.

Mientras reflexionas en tus preguntas, espero crear la consciencia de que hay pensamientos que tenemos que identificar para poder desafiarlos, afirmarlos, explorarlos o negarlos. Mientras lees este libro, te recomiendo que tengas muy presente la pregunta: "¿Cómo veo yo a Dios?". Tu visión de Dios es tu mayor apologética. Más que cualquier otra cosa, influirá en cómo experimentas y comunicas a Dios en tu vida cotidiana.

Durante años estuve convencido de que Dios estaba distante y enojado. Sí, claro, escuchaba a la gente referirse a Él como "Padre", pero esa parte no iba conmigo. Sin embargo, sí que lo hacía el fuego y azufre del infierno. Salía de muchos servicios de la iglesia con la impresión de que Dios me estaba observando cuidadosamente, tan solo buscando una razón para echarme al infierno para siempre. Mi relación con Dios era contractual, una serie cosas que hacer y no hacer; cuando hacía lo correcto, Él me recibía, y cuando metía la pata, me escondía de Él, avergonzado. Por mucho que intentara creer que Dios era un Padre bueno, no llegaba a asimilarlo del todo.

A muchos nos cuesta aceptar la idea de orar a un padre porque vemos a Dios a través de los lentes de nuestros padres terrenales. En base a lo que nos dicen las estadísticas, es probable que tengas una relación torcida, complicada o inexistente con tu padre biológico.

¿Quizá pensar en tu papá evoca en ti temor y el sentimiento de que nunca serás lo suficientemente bueno?

¿Quizá tu papá fue (y es) distante y emocionalmente inestable contigo?

¿Quizá has derramado innumerables lágrimas intentando entender por qué tu papá es abusivo y voluble?

¿O quizá tu papá sencillamente no estuvo presente en tu vida, y punto?

"Asuntos con papá" se ha convertido en un modismo para un nudo gordiano de dolor y confusión que muchas personas pasan toda una vida intentando desenredar.

Teniendo en cuenta la tacañería de la religión y la ausencia de padres en los hogares hoy día, tal vez tu idea de Dios es la de alguien (o algo) distante e impersonal. Quizá te preguntes: *¿Dónde estaba este Padre celestial cuando sucedió…* _____ [rellena el espacio en blanco]? Dios, al igual que tu papá biológico, es una presencia que anhelas conocer, pero parece que nunca se acerca. Alguien que no aparece cuando lo necesitas, pero a la vez demanda tu obediencia. Un producto de tu imaginación relacional, sostenido por tu necesidad de protección, guía, intimidad. Quizá te mueres por afecto paternal e intimidad, pero tus esperanzas han quedado aplastadas demasiadas veces, y ahora te da miedo o no estás dispuesto a acercarte a alguien que no parece estar ahí, y mucho menos responder cuando lo llamas. "La misión de la iglesia", escribe N. T. Wright, "está contenida en esa palabra [Padre]; el fracaso de la iglesia está destacado por esa palabra".[1]

Debido a todo el dolor y la decepción conocidos a manos de los padres, algunos dirían que Dios, sin duda, es el arquetipo de todo lo malo de los padres: distante, crítico, abusivo, despreocupado.

Estas mentes iluminadas sugieren que nos levantemos y denunciemos a los fantasmas paternales, comenzando por Dios, revelándolos como los perpetuadores tóxicos de un patriarcado que ha infectado nuestra sociedad por demasiado tiempo. Aunque es fácil y conveniente echar la culpa y escoger chivos expiatorios, no debemos olvidar que los malos padres siguen siendo hijos quebrantados, almas atrapadas en las fracturas del pecado y perdidos en un profundo dolor.

Cuando Jesús representó la verdadera visión del Padre celestial y cómo deberíamos acercarnos a Dios en oración, llamó a los padres terrenales "malos"[2] o "socialmente indignos, degenerados y malvados".[3] La palabra griega usada aquí es *ponēroi*, una forma plural de *ponēros*, y esta palabra sin duda significa "malvado". El uso que hace Jesús de la forma plural también nos dice que todos los padres terrenales están incluidos en esta categoría de malos. No hay excepciones. Eso puede parecer duro, pero la verdad es que todos hemos hecho algo mal con nuestros hijos. Comparado con mi Padre en el cielo, mis caminos son malos, y mis decisiones a menudo transfieren mi propio dolor a mis hijos. Por eso los padres debemos guiar con humildad, dejando claro a nuestros hijos que nosotros también somos hijos, y confiamos en que el Padre celestial llene las grietas de nuestra experiencia, aprendizaje, y entendimiento.

Las personas tienden a abandonar la idea de Dios cuando sienten que Él les ha abandonado. Si tuviera que usar una palabra para describir lo que nos impide acudir a Dios, sería nuestro *dolor*. Hay una razón por la que gran parte de lo que conocemos como psicoterapia conlleva que el paciente confronte su viaje y su relación con el dolor.

La vida es dolorosa. Vivimos en un mundo desintegrado, lleno de personas y cosas rotas. El poder separador del pecado nos aparta mucho más, animándonos a verlo todo a través de una falsa dualidad de víctimas o villanos. La mayoría no nos consideramos villanos, así que el Acusador usa nuestro dolor para convencernos de que estamos perdidos, que se han olvidado de nosotros, y que ni Dios ni nadie más nos ama, de hecho. Somos las víctimas.

El problema es que, en esta era actual, el dolor es bueno cuando es necesario. El dolor encuentra lo que está mal para poder rendirlo a lo que está bien. Cuando se rompe un hueso, el dolor es parte del proceso de sanidad. Claro, siempre hay maneras de mitigar el dolor mientras uno sana, y un grado de alivio es útil para el proceso; sin embargo, cuando negamos que algo está fuera de su lugar y necesita cuidado, creemos una mentira, preparándonos con ello para tener un episodio con el dolor más largo y más confuso.

Si te atreves, dedica unos minutos a hacer un inventario de tus momentos más dolorosos. Es muy probable que estos recuerdos te hayan amargado o fortalecido, y a veces un poco de ambas cosas. Lo que tiene el dolor, no obstante, es que nunca nos deja iguales. Se lleva mucho de nosotros y también nos da mucho. El sufrimiento es lo que ocurre cuando nuestro antiguo sentido de la realidad choca con uno nuevo. Cuando la vida nos quebranta, tenemos una decisión que tomar: ¿negaremos la verdad, evitaremos la verdad, o la abordaremos?

Jesús describió la verdad como una Roca. Su mensaje es que, o bien nos lanzamos contra la Roca, librándonos voluntariamente de nuestra pequeña realidad, o la Roca debe caer sobre nosotros, desmenuzando lo que nunca perdurará.[4] Pero, pase lo que pase, no podemos seguir viviendo una mentira, por muy dolorosa que pueda ser la verdad. A fin de cuentas, se debe entrar en el reino de Dios a través de muchas pruebas y tribulaciones.[5] El rompimiento libera la bendición, incluso cuando el dolor haya sido el instigador.

Esta debió ser la razón por la que Jesús, durante el primer momento de las Bienaventuranzas, pronuncia bendiciones sobre grupos que están heridos por los dolores de un mundo roto. Su promesa para ellos, y para nosotros, es que hay una realidad mayor, el reino de Dios, donde incluso quienes estamos rotos por el dolor podemos encontrar bendición. Esta promesa no menosprecia el dolor del presente; sin embargo, nos ofrece esperanza en el dolor.

Jesús no midió las palabras cuando nos dijo que en este mundo tendríamos aflicciones; sin embargo, el evangelio es paradójico, así que a la vez que Jesús nos dice que seguro que vendrán los problemas, también nos dice que Él ha vencido a la fuente de nuestros problemas.[6] Y, para Jesús, la fuente de nuestros problemas tiene mucho que ver con que *conozcamos* al Padre, un hecho que Él señala constantemente en el Evangelio de Juan. Cuando oramos "Padre", sin embargo, nuestros dolores más profundos y oscuros con respecto a los papás, los rendimos a lo que Jesús conoce acerca del Padre, una revelación que Él nos invita a experimentar mediante la oración.

La religión intenta convencernos de que necesitamos acceso a la persona, práctica o lugar correcto para llegar a Dios, bloqueando así nuestro camino al Padre. Pero Jesús no tenía nada de eso, así que nos dice: *no llaméis padre vuestro a nadie en la tierra; porque uno es vuestro Padre, el que está en los cielos.*[7] En otras palabras, no dejen que nadie ponga palabras en la boca del Padre. Obviamente, Jesús no nos está diciendo que no podamos llamar "padre" a nadie, sino que no deberíamos permitir que ningún intermediario, aunque sea pastor, sacerdote o padre, se interponga entre nosotros y la verdadera naturaleza de Dios. El Padre quiere un acceso directo y personal a nuestro corazón. Y nuestra búsqueda del corazón del Padre es una parte esencial de nuestra formación como hijos e hijas, y no podemos externalizarla a un experto religioso, por muy santo que pueda parecer dicho individuo.

Cualquier tipo de formación es dolorosa; de nuevo, así es como funciona esta época. El escritor de Hebreos, ofreciéndonos fe y esperanza, nos dice que no nos limitemos a aguantar el proceso, sino aguantar *para* el proceso. En otras palabras, el proceso no es algo que atravesamos, sino el lugar donde encontramos lo que significa ser hijo o hija. Nuestra relación con Dios no está al otro lado del proceso, sino justo en medio del proceso. Al enseñarnos a decir "Padre", Jesús nos encomienda apoyarnos en la tensión y entregar al Padre los efectos de la orfandad, al margen de que estos sean reales, percibidos, o ambas cosas. Este Padre, a diferencia de los que son malos, es Amor santo. Su nombre es santificado, o santo, que es una forma de decir que su naturaleza es *otra* o apartada. Lo mejor de lo que hemos visto o conocido en los padres es un mero letrero, y lo mejor que hay en nosotros ni siquiera araña la superficie de lo que es Dios el Padre. Él es santo, íntegro, bueno, perfecto. Él es Amor. El Fuego consumidor.

Muchos huimos del Fuego consumidor por terror a ser consumidos o heridos; sin embargo, el fuego de Dios es distinto al fuego terrenal, porque cuanto más te acercas a él, menos quema. Todo lo real y verdadero acerca de ti se encuentra en las llamas del Amor.

En oración, primero debemos negociar con la naturaleza del Dios santo, y su naturaleza intencional. Esto es lo que quiere decir el escritor de Hebreos cuando se nos dice que la *Palabra de Dios es viva y eficaz, y más cortante que toda espada de dos filos; y penetra hasta partir el alma y el espíritu, las coyunturas y los tuétanos, y discierne los pensamientos y las intenciones del corazón.*[8] Tal interconexión y conocimiento pueden apuntar solo a la santidad de Dios.

Tal vez estas palabras nos ponen nerviosos, pero nuestro mayor deseo es ser conocidos y aceptados, así que el Padre debe dejar claro que nada está oculto a Él. De lo contrario, podríamos encontrar alguna razón para desacreditar su deseo por nosotros y negar su interés en nuestras oraciones. El escritor de Hebreos continúa diciéndonos que el gran Sumo Sacerdote, que es también nuestro hermano mayor, el que revela cómo es la relación con el Padre, ha hecho posible que nos acerquemos al Padre con confianza, para que recibamos misericordia para lo que ha sucedido y gracia para lo que sucederá.[9]

Cuando oramos diciendo "Padre", estamos confrontando el dolor de nuestro pasado, colocándolo en las manos de Aquel que promete sostener nuestro futuro. En esta tensión de estar ahí, el dolor y las heridas de nuestro pasado se convierten en cicatrices santas, recordatorios de cómo Dios nos ha salvado y nos salvará finalmente de toda maldad, secando toda lágrima y sanando cada corazón: *Bienaventurados los que lloran, porque ellos recibirán consolación.*[10]

Cuando Jesús nos dijo que oráramos al Padre, sabía cuán difícil sería para muchos de nosotros. Sin embargo, todo lo que es difícil a menudo es lo más importante, y Jesús nunca fue alguien que rehusara un desafío. Dios es Padre. Punto. Y el Hijo, el que conoce al Padre como verdaderamente es, iba a hacer todo lo posible para darnos una visión nueva del Padre.

Cada vez que se susurra o se grita "Padre" en oración, podemos entregarle nuestra idea de un padre. Debemos recordar que Jesús no vino a ofrecernos una religión mejor, sino a poner fin a todas las religiones. Como el templo donde el cielo conecta con la tierra, tú no estás personificando ninguna forma nueva de una religión vieja. Eres un testamento vivo de la relación existente entre Dios y lo humano, el cielo y la tierra. Y esa es una de las razones por las que la Oración comienza con *Padre*.

En nuestro idioma, al igual que en griego y arameo, *Padre* aparece en primer lugar, y con razón. La revelación de Padre es el fundamento de la oración, una revelación perfeccionada en y a través de su Hijo.

Jesús.

Aquel a quien a menudo se confunde como Dios 2.0. Aquel que aplaca a su enojado padre con una muerte brutal y después nos ofrece una oración como fórmula para llegar al lado bueno de su papá, asegurando que no suframos un destino peor en el infierno. Aquel que tira por la borda la vieja religión para abrir camino a una religión nueva, más robusta, y me atrevo a decir que moderna. Aquel que defiende la gracia, la misericordia y el amor y tolera la santidad, la justicia y el juicio. Nos gusta Jesús, pero el Dios del Antiguo Testamento... aún nos da escalofríos.

Hay muchos errores en lo que acabo de escribir, pero es peligroso porque incluí suficiente verdad distorsionada como para hacer que te detengas. Sin embargo, si fuéramos a orar al Padre, como Jesús nos dijo, tendríamos que hacer el duro trabajo de ver al Padre a través de Jesús, no ver a Jesús *en lugar* del Padre.

No podemos olvidar que Jesús dice enfáticamente: *El que me ha visto a mí, ha visto al Padre*, o que Pablo escribe: *por cuanto agradó al Padre que en él [Jesús] habitase toda plenitud.*[11] No hay calificador en ninguno de estos versículos, nada que nos haga creer que Jesús, de algún modo, es Dios evolucionado o meramente la personificación de las mejores cualidades de Dios, dejando atrás cualquier cosa que huela a ira, juicio o santidad.

Jesús vino para revelar quién ha sido desde *siempre* el Padre.

Jesús es la demostración del amor del Padre, un Amor santo que la religión ha cubierto, pero que siempre ha estado ahí.

La verdadera naturaleza de los asuntos más pesados, como justicia, misericordia, gozo, paz, fidelidad, integridad, amor o santidad, ha eludido a la humanidad, así que Dios vino en carne para mostrarnos lo que es verdadero y eterno. Con esta imagen nueva de Dios el Padre, viajemos al Evangelio de Juan.

Juan 17 es un campo de minas de lenguaje significativo. Cada versículo está repleto de bendición, ofreciendo destellos de una misteriosa y eterna intimidad entre el Padre y el Hijo. Una intimidad tan dinámica, que se estira y alcanza los rincones del cosmos, sin dejar criatura alguna detrás, invitando a cada hijo e hija a despertar, crecer y aprender la canción del Amor.

Los capítulos que preceden a Juan 17, específicamente los capítulos 14 al 16, crean la oleada de lo que yo llamo el intento más desesperado y urgente de Jesús por revelar al Padre a sus hermanos y hermanas. Este es un ejemplo de frases solo de Juan 14:

En la casa de mi Padre muchas moradas hay; si así no fuera,
yo os lo hubiera dicho; voy, pues, a preparar lugar para voso-
tros. (v. 2)

Nadie viene al Padre, sino por mí. (v. 6)

El que me ha visto a mí, ha visto al Padre. (v. 9)

¿No crees que yo soy en el Padre, y el Padre en mí? (v. 10)

Y todo lo que pidiereis al Padre en mi nombre, lo haré, para
que el Padre sea glorificado en el Hijo. (v. 13)

Y os dará [el Padre] otro Consolador, para que esté con voso-
tros para siempre. (v. 16)

Mas para que el mundo conozca que amo al Padre, y como el
Padre me mandó, así hago. (v. 31)

Y, para que conste, ni siquiera he incluido todas las referencias al Padre que hay en Juan 14 (si regresamos hasta Juan 5, ¡encontraremos más de cien referencias a Dios como Padre en solo trece capítulos!). Al entrar en los capítulos 15 y 16 nos encontramos con más facetas y dimensiones de la paternidad de Dios y lo que significa que seamos sus hijos. Este largo discurso es un aluvión de ternura paternal, lleno de instrucción y advertencias, ánimo y afecto, validación y promesa. Todo lo que necesitamos para viajar por el peligroso y emocionante camino que tenemos por delante.

Con este contexto en mente, veamos las palabras de Jesús en el capítulo 17, versículo 11:

*Padre santo, a los que me has dado, guárdalos en tu **nombre**, para que sean uno, así como nosotros* (énfasis del autor).

Como ocurre con muchos otros versículos, podemos leer por encima estas palabras y no darnos cuenta de la historia que están contando. La historia de este versículo en particular tiene que ver con un nombre, un nombre que cambia todo en cuanto a cómo vemos al Padre, a nosotros mismos, y a este mundo.

A menudo no pensamos en el poder de un nombre. Es probable que tus padres escogieran tu nombre después de haber pensado en muchos nombres, la mayoría presentados en orden alfabético, razón por la cual los nombres con A están entre los más populares. O quizá creo eso porque mis padres nos pusieron a todos nombres que empezaban con A; y para poner la guinda al pastel, mi esposa y yo seguimos el mismo patrón con nuestros dos hijos.

Pero me estoy desviando del tema. Regresemos al poder del nombre.

Cuando digo *cáncer*, ese nombre evoca algo en nosotros, tal vez el recuerdo de un ser querido que perdimos demasiado pronto. O quizá una época de noches oscuras limitada por un escape estrecho y casi sin aliento. Para mí, cuando era niño, el cáncer era el nombre de lo que le robó el ojo izquierdo a mi mamá.

De niños, mis hermanos y yo hacíamos concursos de baile épicos. Bueno, la verdad es que se parecían más a rituales tribales que rápidamente se convertían en competencias físicas, las cuales a menudo terminaban con lágrimas. Una de nuestras canciones favoritas para bombear la sangre y subir la testosterona era el éxito de los 90 "Rhythm Is a Dancer" (El ritmo es un bailarín), de Snap. En cuanto comenzaba el caos melódico, nos poníamos como locos, intentando ver quién perdía primero la cordura, lo cual se asemejaba a algo de *El señor de las moscas*. Pero esta canción aportaba un giro inusual que nos despertaba de nuestra locura, una letra que nos hacía acercarnos al aparato y bajar el volumen por unos segundos: "Soy tan serio como el *cáncer* cuando digo que el ritmo es un bailarín".

Había algo en esa frase que nos encogía. No había lugar para el nombre *cáncer* en nuestro éxtasis; no era bienvenido en nuestro hogar.

Los nombres son más que una colección de sílabas. Llegan hasta la esencia misma de algo para sacar algo único y específico de esa persona, lugar o cosa. Dios, incluso, tiene un historial de cambiar nombres para marcar nuevas etapas o momentos trascendentales. En Apocalipsis 2:17 leemos que, un día, el vencedor recibirá un nuevo nombre, un nombre que solo conoce el que lo recibe. Claramente, los nombres son importantes para Dios.

Entonces, ¿cuál es el nombre que el Padre le dio al Hijo? Jesús dijo que, cuando somos guardados en su nombre, de algún modo compartimos la intimidad eterna que hay entre el Padre y el Hijo. Y no solo eso, sino que está la promesa sutil de que podemos conocer y compartir esta intimidad divina con nuestros hermanos y hermanas, aquí y ahora. Sin embargo, eso solo puede ocurrir si somos guardados en el nombre del Padre, que —de forma interesante— es el nombre también del Hijo.

Así que, nuevamente, ¿cuál es este nombre?

¿Es Jesús? No (recuerda que "Jesús" era un nombre popular).

¿Es Cristo? No.

¿Es Santo? No.

Hay dos momentos en la vida de Jesús en los que el Padre irrumpe en la escena y declara identidad sobre el Hijo. El primero ocurre en el bautismo de Jesús. Por lo que sabemos, en este punto Jesús aún no había hecho nada, salvo construir cosas y aprender a portarse bien. Por supuesto, se produjo aquel momento prodigioso en el templo, pero según todos los estándares, la vida de Jesús no había transcendido mucho. Era, en un sentido, un tipo de treinta años que "estaba comenzando", alguien con desarrollo tardío.

Sin embargo, en el tercer capítulo de Mateo a este Hijo, antes de hacer nada "digno de narrar" en los Evangelios, el Padre lo llamó "Amado". Y, además de todo esto, el Padre expresó un gran placer en su "desarrollo tardío". Este momento fue y es tan importante para el evangelio, que quedó narrado en los tres Evangelios sinópticos.

Después de este momento santo de ternura divina, el Hijo fue guiado al desierto para ser tentado por el diablo. Durante cuarenta días y cuarenta noches ayunó, privándose de cualquier alimento salvo el pan supersustancioso del amor y el agrado del Padre: su amada identidad. Cuando llegó el tentador, Jesús tenía hambre. Por cuarenta días su cuerpo y su alma se habían visto privados de alimento y de amigos. El pan nunca tocó sus labios, y no llegó a sus oídos ninguna palabra amable. Estuvo solo. Es decir, hasta que llegó el Acusador.

Satanás se quedó atónito con este enigmático Jesús. Había algo distinto en este Dios-hombre, y no podía señalar qué era. Lo que sí sabía, sin embargo, es que el Padre había llamado a Jesús "su Hijo amado" y después lo había guiado al desierto, negándole cualquier evidencia de su afecto paternal. Por lo tanto, ¿qué hace el Acusador? Inmediatamente va tras la identidad de Jesús: *Si eres Hijo de Dios….*[12] En otras palabras, demuéstralo. Haz algo milagroso, espectacular, glorioso. Algo digno de un hijo divino.

Con las pocas fuerzas que le quedaban, Jesús respondió como lo deben hacer las hijas y los hijos amados: desde un lugar de absoluta confianza en el amor del Padre. Jesús sabía quién era, así que no tenía que demostrar nada. No cambiaría su derecho de nacimiento por placer, poder o posición. El diablo se fue atónico y derrotado, pero ya planeando su contraataque. Si no podía arruinar la misión de Jesús desde arriba hacia abajo, lo haría desde abajo hacia arriba, incitando a los líderes de la religión y el Estado para que hicieran lo peor, matando finalmente al Hijo de la gloria. Seguro que el asesinato de la humanidad del unigénito Hijo de Dios incitaría la ira de Dios, lo cual conduciría a la erradicación de las criaturas a las que adoraba de modo tan curioso. Pero, como sabemos, el disparo mortal del enemigo se convirtió en el momento de triunfo de Dios; no pudo entender nunca los planes de Dios para nosotros porque no había escudriñado la naturaleza más leal y profunda de Dios. Había estado demasiado ocupado obsesionándose con su propia gloria.

Encontramos más adelante, en la historia de Jesús, otro momento en el que el Padre se inserta en la escena. Su mensaje es demasiado importante como para dejarlo al azar, así que es menos enigmático de lo normal. Dios conoce nuestros caminos idólatras y nuestra tendencia al pensamiento dualista, así que reúne a Moisés y Elías, símbolos de la Ley y los Profetas, y delante de ellos, el Padre declara que Jesús es su Hijo amado, Aquel a quien siempre habían señalado la Ley y los Profetas. En otras palabras, el Padre quiere que sepamos que, a pesar de la aparente tensión, estos tres se llevan bastante bien; pero escucha al Hijo, porque te ayudará a entender el corazón y propósito de la Ley y los Profetas. Y después, narrado de forma dramática en Mateo, Marcos y Lucas, Moisés y

Elías desaparecen, dejando solo a Jesús en el monte, otra señal de que el Hijo es el Cumplimiento. Todo encuentra su enfoque en Él. En ambos momentos, el Padre habló amor sobre el Hijo. El nombre de Dios es Amor, y el Hijo siempre ha sido el objeto de su Amor eterno. Él es el Amado; ese es su nombre. Y su nombre, Amado, es nuestro lugar de seguridad.

Sé que la palabra *amor* ha perdido gran parte de su poder. La usamos para describir la comida que nos gusta o una serie que nos estamos tragando, así que de manera natural cuando oímos la palabra, esta carece de un sentimiento de asombro. En muchos aspectos, el *amor* se ha visto reducido a un "gusto" o el tipo de sentimentalismo barato que se encuentra en una tarjeta de felicitación.

Pero las Escrituras describen el amor como algo que es todo menos barato, y lo sitúan como algo muy distanciado del sentimentalismo. El amor de Dios es la costosa Verdad, la Verdad por la que Jesús murió con el fin de revelarla. Su amor.

Juan, el discípulo amado, el que más que cualquier otro discípulo entendió y nos invitó a esta revelación de Dios el Padre, Jesús el Hijo amado, y nuestro propio amor, nos escribió:

> *Amados, amémonos unos a otros; porque el amor es de Dios.*
> *Todo aquel que ama, es nacido de Dios, y conoce a Dios. El*
> *que no ama, no ha conocido a Dios; porque Dios es amor.*
> (1 Juan 4:7-8)

Sé que estas palabras son familiares. Son palabras que ha perdido tanto su majestad como su pragmatismo, una deconstrucción doblemente peligrosa, a decir verdad. Sin embargo, haz tu mejor esfuerzo para mirarlas con ojos nuevos, para ver más allá de las perogrulladas cristianas: incluso un destello del corazón del Padre despertará la eternidad que se escribió en tu corazón. Pregúntate: ¿qué significan estas palabras para mí? La respuesta es simple, pero no fácil de asimilar. Va en contra de todo aquello que hemos sido programados para creer.

El nombre del Padre es Amor, el nombre del Hijo es Amado, y ahora tú y yo estamos invitados a vernos a nosotros mismos, y también a ver nuestro mundo, dentro de esta intimidad familiar. Nosotros también somos amados, ese es nuestro lugar de seguridad. Ese es nuestro lugar de oración.

Jesús oró: ...*para que el mundo conozca que tú me enviaste, y que los has amado a ellos como también a mí me has amado...Y les he dado a conocer tu nombre, y lo daré a conocer aún, para que el amor con que me has amado, esté en ellos, y yo en ellos.*[13] ¿Ves la interconexión? ¡Qué visión tan extensa de amor! Al revelarnos el nombre de Dios, Amor, Jesús abre nuestra vida al mundo que Él ama.

De tal manera amó Dios al mundo.[14]

En esto conocerán todos que sois mis discípulos, si tuviereis amor los unos con los otros.[15]

Esto puede ocurrir solo al entender que...

Dios es Amor.

Jesús es el Hijo amado de Dios.

Jesús es la demostración del amor de Dios por nosotros.

Somos los hijos amados de Dios.

Ellos son los amados de Dios.

Juan continúa diciéndonos que el perfecto amor del Padre, que es la piedra angular de la realidad de que seamos amados, echa fuera o expulsa el temor, y este temor, que encuentra su lugar en el juicio, no tiene jurisdicción en las vidas de los Santos (los hijos e hijas santos del Santo) porque el Padre, incluso en el juicio, ejecuta misericordia. En otras palabras, el Padre es el Fuego consumidor, pero su juicio es una pura expresión de amor. Él no es el sabueso del cielo, sino el Padre que hace uso de un amor paciente que purifica y erradica todo lo que no ceda a los ritmos de la vida.

Podemos amar sin temor cuando primero entendemos que Él nos ama de manera completa y perfecta.

El nombre de Jesús, Amado, está por encima de cualquier otro nombre. Enfermedad, pérdida, fracaso y pecado nunca triunfarán sobre el poder del Amado.

¿Quién es el que condenará? Cristo es el que murió; más aún, el que también resucitó, el que además está a la diestra de Dios, el que también intercede por nosotros. ¿Quién nos separará del amor de Cristo? ¿Tribulación, o angustia, o persecución, o hambre, o desnudez, o peligro, o espada?... Antes, en todas estas cosas somos más que vencedores por medio de aquel que nos amó. Por lo cual estoy seguro de que ni la muerte, ni la vida, ni ángeles, ni principados, ni potestades, ni lo presente, ni lo por venir, ni lo alto, ni lo profundo, ni ninguna otra cosa creada nos podrá separar del amor de Dios, que es en Cristo Jesús Señor nuestro.

(Romanos 8:34-35, 37-39)

Cuando oramos "Padre", se nos invita a rendir nuestra definición de lo que significa ser "hijo" o "hija" y a mirar a Jesús. Él es el único que verdaderamente conoció al Padre y lo que es ser un hijo. Él fue quien nunca perdió el paso de lo que el Padre estaba haciendo, y solamente reflejaba y hacía lo que veía hacer al Padre.[16] Y, cuando nos llama a orar "Padre", nos manda que sigamos sus pisadas, que oremos como Él oró y vivamos como Él vivió. Porque solo en la revelación del Padre podemos aprender a orar (y vivir) como hijos e hijas de Dios.

Mas a todos los que le recibieron, a los que creen en su nombre, les dio potestad de ser hechos hijos de Dios.[17]

5

VER EL REINO

De cierto, de cierto te digo, que el que no naciere de nuevo, no
puede ver el reino de Dios.
—Juan 3:3

"Mediante la... encarnación, nada aquí abajo es profano para
los que saben cómo mirar".
Pierre Teilhard de Chardin,
The Divine Milieu (El medio divino)

El reino de Dios a menudo se entiende como algo distante, abstracto o inaccesible, una realidad celestial que tiene poca relevancia terrenal. El cielo, para muchos, es una nubosa ambigüedad que de algún modo equilibra la balanza de la justicia y nos ayuda a lidiar con nuestra mortalidad prometiendo vida después de la muerte. La meta, pareciera ser, es sobrevivir a esta vida para poder escapar al cielo un día, donde todo error se corregirá, toda carencia se completará, y todo dolor se volverá ganancia. Esta es la esperanza y la promesa de la mayoría de las religiones.

Sin embargo, cuando la Biblia habla sobre el reino de los cielos (o el reino de Dios), está hablando sobre algo mucho mayor. En palabras de N. T. Wright: "El gran drama de las Escrituras no tiene que ver fundamentalmente con 'cómo podemos salir de la "tierra" e ir a vivir con Dios al "cielo"', sino en *cómo Dios llega a venir y a vivir con nosotros*".[1] Esta verdad es la que deberíamos mantener en nuestra mente y nuestro corazón mientras oramos para que el reino de Dios sea establecido en la tierra como lo es en el cielo.

En el tercer capítulo del Evangelio de Juan se nos presenta a un fariseo llamado Nicodemo, un gobernante de los judíos. En este punto del relato de Juan, Jesús no ha hecho mucho más, salvo un bautismo público, reclutar algún discípulo, un milagro privado que creó abundancia de vino, y una escena en el templo con un látigo, una herramienta que Él mismo se hizo, la cual usó para expulsar a los que habían convertido el templo en un lugar de transacción.[2]

Aparentemente, Jesús debió haber hecho algunas cosas más, porque Nicodemo le dice a Jesús que *nadie puede hacer estas señales [plural] que tú haces, si no está Dios con él*.[3]

En ese tiempo, los líderes judíos estaban buscando un Mesías davídico, un héroe guerrero que derrocara a Roma y estableciera el reino de Dios en medio de ellos, validando y honrando así al pueblo judío como el pueblo de Dios y juzgando a los gentiles que habían manchado sus caminos santos y oprimido a su pueblo escogido. Para ellos, el reino de Dios no era solo un lugar donde ir después de morir, sino la promesa de que Dios habitaría con ellos y expulsaría al reino pagano o gentil. Los eruditos sabían que había llegado el tiempo, y había vigilancia entre los entendidos. Como el tiempo estaba a la vuelta de la esquina, salían falsos mesías por todas partes, pero Roma terminaba rápidamente con ellos, revelando a estos "mesías" como meros impostores.

Imagino que Nicodemo había oído hablar a Jesús acerca del reino de Dios, que es de lo que más hablaba. Y, como dirigente de los judíos, tendría un interés especial en el reino de Dios; tanto, que se acercó a Jesús de noche.

Pero un encuentro con Jesús solo hizo que el maestro de Israel quedara confuso. El reino, según Jesús, no sería como lo esperaba Nicodemo. En su lugar, Jesús habló de un renacimiento que no era de este mundo pero que daría ojos para ver y pies para entrar en la esperanza de Israel. Este proceso de nacer de nuevo, que era una idea nueva para Nicodemo, de algún modo transciende religiones y tradiciones étnicas, creando hijos del Espíritu, almas avivadas por la fe en el Hijo que revela quién ha sido desde siempre el Padre: la esperanza de las naciones, el reconciliador de las personas, el Padre de todos nosotros. En palabras de Jesús: "Mi casa será llamada casa de oración para todas las naciones".[4]

Si avanzamos un capítulo en el Evangelio de Juan, encontramos a Jesús en un lugar extraño con una mujer extraña, una oportunidad para que veamos si lo que Jesús le dijo a Nicodemo ciertamente era verdad. ¿Podría este reino recibir a una mujer adúltera que estaba de camino a su sexto esposo? Suavizamos a esta mujer y su pozo, pero la historia es realmente tan sustanciosa como las jarras de la purificación que usó Jesús para convertir agua en vino. Hay una razón por la que los discípulos se maravillaron de la conducta de Cristo. Nada de eso tenía sentido para ellos. No tenían ojos para ver que los campos ya estaban listos para la cosecha.

La religión, eso que nos dice cuándo y cómo orar, tiene su manera de encoger nuestra vida y reducirla a un rango que pueda controlar, obligándonos a hacer cosas según sus términos y en los lugares que ella nos dice. Cuando queremos perdón, favor, o acceso de Dios (o de los dioses), hay protocolos que seguir, personas que ver, lugares donde ir. Eso es lo que buscaba Nicodemo. Eso es lo que había detrás de la mujer en la desviación hasta el pozo. Para ellos, y para nosotros, la adoración tiene que ver con estar en el lugar correcto en el momento correcto haciendo las cosas correctas. Y si das un paso en falso, es muy probable que tu obra espiritual no sirviera para nada. Para empeorar aún más las cosas, todo el sistema lo manejan principalmente los que representan una clase elitista de individuos con acceso especial a lo divino. Su religión es transaccional, con entradas y salidas claras. Juega según sus reglas, y te darán seguridad y estatus; pero si rompes sus reglas, podrías perder tu vida. Al menos eso es lo que le ocurrió a Jesús.

Sin embargo, Jesús no se quedó entre los muertos. Y su resurrección envió un mensaje claro de que lo que Él dijo sobre los templos y demás era cierto.

Las formas más sofisticadas (y peligrosas) de idolatría son las que usan el lenguaje correcto, mientras meten al Santo en su caja religiosa. Estos sacerdotes ya no son administradores de los misterios de Dios, son proveedores de su propia maquinaria "sagrada", una que está atada a romperle la espalda a sus víctimas.[5] Estos maestros "cierran el reino del cielo en la cara de las personas" y ellos mismos tampoco entran.[6] Incluso viajarán por tierra y mar para hacer prosélitos que sean dos veces más hijos del infierno que ellos.[7]

El verdadero Sumo Sacerdote, Jesús, juzgó al mundo religioso como una mala representación del reino prometido. La fuerza de la religión siempre ha mentido con acusaciones, y el Acusador fue expuesto por la Luz de verdad. Jesús proclamó: "Ahora es el juicio de este mundo; ahora el príncipe de este mundo será echado fuera. Y yo, si fuere levantado de la tierra, a todos atraeré a mí mismo. Y decía esto dando a entender de qué muerte iba a morir".[8] Jesús dijo que el príncipe de este mundo ha sido expulsado, aunque pareciera que fue el verdadero Señor del Templo quien fue expulsado y asesinado por sus siervos.

La ironía es que, al echar fuera a Jesús, estos hijos de Satanás (usando las propias palabras de Jesús y no las mías) afirmaron la intención de Dios, que siempre ha sido que los santos hagan espacios sagrados, y no al revés. Cuando Jesús dio su último aliento, el "velo que hacía del templo un lugar santo, separado de otros lugares, perdió su poder separador. El que fue expulsado como blasfemo del templo había partido el velo y abierto el templo para todo el mundo, para cada momento".[9] *Destruid este templo, y en tres días lo levantaré.*[10] Jesús, a su manera enigmática, reubicó el templo, situándolo dentro del cuerpo humano. Pablo después afirmaría esta verdad, diciéndonos que nuestros cuerpos son el templo de Dios, la morada del Espíritu.[11] El templo, que siempre representó el lugar donde el cielo tocaba la tierra, ahora lo conformamos nosotros. Ahora, nosotros tenemos que ser ese lugar, portadores de lo sagrado.

Somos la morada del Espíritu eterno. Los Santos de Dios santificados por su presencia. Tristemente, el significado de la osada declaración de Pablo ahora está enterrado bajo un contexto perdido. Cuando un seguidor de Cristo del primer siglo escuchaba estas palabras, sabía que el templo había representado el microcosmos donde el cielo tocaba la tierra. Las palabras de Pablo habrían sido radicales, marcando un momento del tipo "¡Esto lo cambia todo!". La oración ahora dejaría de ser tan solo un ritual o una práctica que se realiza en un tiempo o lugar específico. Ahora era una parte integral de una misión que no dejó intacta piedra alguna. La religión, y todas sus prácticas, ya no podía ser compartimentada o individualizada. En un sentido, la religión se fue y entró la relación. El enfoque cambió de edificios y prácticas, a personas y espíritu. Las palabras de Jesús, *el reino de Dios está entre vosotros*, estaban tomando forma en sus vidas cotidianas.[12] Las barreras existentes entre lo sagrado y lo secular, judíos y griegos, esclavos y libres, hombres y mujeres, comenzó a derribarse mientras emergía una visión antigua pero olvidada, establecida en la persona y obra de Jesús, el Cumplimiento de la promesa de pacto de Dios hecha a Abraham.[13] Y la oración era la única manera en que ellos —o nosotros también— podían estar a la altura de la novedad del reino que estaba brotando en sus vidas.

El mayor temor del Acusador es que la oración se convierta en una parte íntima nuestra y que remodele nuestro mundo. Le aterra que tengamos palabras con el Padre, y quiere sacarnos de la conversación. Él preferiría que la conversación fuera corta, impersonal y apegada a asuntos religiosos. Prefiere que la oración siga siendo esclava de la separación, esas divisiones del pasado entre lo sagrado y lo secular: una práctica que solo se hace en el momento adecuado y de la forma adecuada.

Pero un lugar sagrado es cualquier lugar en el que Dios esté presente. Un espacio reclamado por su señorío. Nuestras vidas, y todo lo que tocan y representan, tienen que ser ese espacio. Nada está fuera de sus límites en cuanto a su santidad, porque el conocimiento de la gloria del Señor *cubrirá* la tierra como las aguas cubren el mar. "En verdad", escribió Dallas Willard, "no hay división entre lo sagrado y lo secular salvo la que nosotros hemos creado".[14]

Jesús también introduce una forma nueva de sacerdocio. Los sacerdotes antes eran a la vez una barrera y una entrada. Jesús elimina la barrera al entregar su vida, atrayendo hacia sí a todos los hombres, lo cual quiere decir que no tenemos que limitar quién entra y por qué. De hecho, Jesús, cuando se trata de las cosas de Dios, nos dice que no demos a otros la autoridad final de maestro, padre o sacerdote.[15] Nuestro papel como Santos (o hijos del Dios santo) es llevar a las personas directamente al Padre mediante la obra del Hijo y el Espíritu. Nuestra responsabilidad en el reino es ser embajadores de las buenas nuevas de que hay vida eterna en Jesús y que Dios está reconciliando al mundo consigo mismo, no teniendo en cuenta sus pecados.[16] Tenemos que proclamar que podemos encontrar libertad del poder desintegrador del pecado, que nuestra vida puede sanar y estar segura en el amor eterno y universal (ágape). *"Porque no envió Dios a su Hijo al mundo para condenar al mundo, sino para que el mundo sea salvo por él".*[17]

Sin embargo, para que suceda todo esto, antes debemos arrepentirnos, que no es nada más que reconocer que no vemos las cosas como realmente son.

Es humillante admitir que no vemos el mundo tal como es.

Incluso lo que conocemos acerca de la relación de los ojos con el cerebro, nos anima a ser humildes en cómo definimos la realidad.

El proceso de la vista conlleva conos y bastoncillos en la retina que recopilan información sobre el mundo. Los receptores pasan la información a nuestro cerebro para que sea procesada e interpretada. Lo que "vemos" es la interpretación que nuestro cerebro hace de la realidad, una creación única y subjetiva en cuanto a nuestra forma de recopilar y procesar la información que tenemos a nuestra disposición.

Deberíamos recordar también que procesamos selectivamente lo que vemos; de lo contrario, nos abrumaría la información y perderíamos la capacidad de procesar lo que está ocurriendo a nuestro alrededor. Al animar la visión selectiva, afirmando su eficacia, nuestro proceso de recepción se vuelve más enfocado en lo que ha funcionado en el pasado, distorsionando lo que vemos y a veces impidiéndonos ver cosas que hay en nuestra línea de visión.

¿Te has dado cuenta del fenómeno de un paseo familiar en automóvil que termina con una sensación de que no viste nada cuando ibas de camino? En esas ocasiones, tu cerebro está involucrado en algo llamado *relleno de patrón*, que es literalmente usar imágenes de lugares y cosas existentes en lugar de hacer el duro trabajo de recopilar y procesar lo nuevo.

Y todavía alardeamos de que nuestra "visión" es la autoridad máxima de verdad: "Si no lo veo, no lo creo". Vivir bajo ese eslogan es una buena manera de ver solo más de lo que ya hemos visto.

No vemos el mundo tal como es. Vemos el mundo tal como somos.

En mi primer año de universidad supe que me pasaba algo en el ojo derecho. Mis padres pocas veces tenían seguro médico cuando yo era pequeño, así que íbamos al médico solo cuando se nos estaba cayendo algún miembro. Y por mí estaba bien; no me importaba no ir al médico porque me evitaba todas las pruebas y el dolor que conlleva. Pero esta vez la doctora vino a mí a través de un reconocimiento médico en la escuela; enseguida comenzó a mirarme fijamente a los ojos, y no para bien.

Cuando la doctora se separó de mi rostro y me puso una de esas miradas de preocupación, me temí lo peor.

"Addison, ¿sabías que tienes una catarata en el ojo derecho?".

"Una ¿qué?".

"Una catarata. Es una niebla en tu lente que no te deja ver bien. Algún día te tendrás que operar".

Ahí es cuando me perdí. Solo oí "operar". Me bajé de la silla y volví de manera escurridiza a mi clase. Finalmente, les dije a mis padres lo que había ocurrido, y me llevaron a un óptico para que me echara un vistazo. Supe que me dejarían el ojo, lo cual era una buena noticia, pero la mala noticia era que en algún momento tendrían que quitarme el cristalino y reemplazarlo por otro artificial. El doctor también nos dijo que, hasta donde él sabía, probablemente desarrollé la catarata por algún trauma en el embarazo o posiblemente por una mala caída durante mi primer año de vida.

Gracias, mamá.

Quince años después, mi esposa mencionó que debería ir al cirujano de cataratas para arreglarlo antes de terminar el año. Yo sabía que tenía razón en cuanto al momento, pero ¿quién va voluntariamente a que le quiten el cristalino? Haciendo caso omiso a mi mejor juicio, saqué una cita.

Durante el preoperatorio, el amable cirujano me dijo que el procedimiento estaba claro y que la catarata, que probablemente me había acompañado desde mi nacimiento, realmente había que quitarla. Con la oportunidad de ver con claridad mirándome a los ojos, decidí enfrentar mis temores, y el cirujano me cambió el cristalino nuboso por uno artificial.

Todo parecía ir según lo previsto, pero mientras me preparaba para salir de la ciudad con mis hijos y mi esposa dos días después, descubrí que el ojo no estaba dilatando, algo que al parecer no era normal. A las horas de notarlo, estaba de nuevo tumbado en la misma mesa del quirófano, totalmente despierto (gracias a que el anestesista ya se había ido), y haciendo mi mejor esfuerzo por estar inmóvil mientras el cirujano hacía una intervención de emergencia para suturar el ojo. Aparentemente, había un fluido vítreo que estaba goteando, lo cual podía producir un desprendimiento de retina.

Tuvimos que cancelar nuestros planes para el Día de Acción de Gracias.

En las semanas siguientes, terminé visitando a varios expertos oculares y teniendo que someterme a dos intervenciones más. Fue mucho. Pero, a pesar de todo, cuando miraba con el ojo derecho, la familiar neblina aún oscurecía y opacaba mi visión. Habían repuesto el cristalino velado por uno nuevo, pero era como si la catarata aún estuviera ahí. Nada tenía sentido. Me había gastado mucho dinero, había perdido muchos días de trabajo, había sentido el dolor más intenso de mi vida, y había tomado medicamentos que nunca antes había ni siquiera oído, y aun así todavía no veía con claridad.

Necesitaba respuestas, así que programé una cita con el cirujano de cataratas. Tras unos minutos de conversación, me miró y me dijo: "Addison, tu cristalino no puede ser más claro. No puedo hacer nada más por ti. El problema es que durante toda tu vida has visto a través de una neblina, y por eso tu cerebro sigue convencido de que la catarata está ahí".

No vemos el mundo como es; lo vemos como somos.

Cuando oramos diciendo "venga tu reino, hágase tu voluntad como en el cielo, así también en la tierra", estamos admitiendo que no vemos las cosas como son, y que estamos cediendo a la visión de Dios, al entendimiento de Dios, a la voluntad de Dios, y al reino de Dios.

Jesús nos enseña a orar así *antes* de que pidamos pan, o intentemos perdonar, o encontrar algún sentido a nuestras pruebas porque todas estas cosas pueden adoptar —y de hecho adoptan— formas nuevas a la luz del reino de Dios. El problema es que cuando se trata de la oración, la mayoría terminamos donde deberíamos comenzar y comenzamos donde deberíamos terminar.

Cuando escuchas a Jesús, observas que Él dice cosas como: *¿Teniendo ojos no veis?*[18] En estos momentos, se está haciendo eco de lo que Dios ya ha expresado a través de profetas como Isaías, Jeremías y Ezequiel. A los profetas se les conoce como los *videntes*, o "los que ven". Ellos alteran la visión común de la realidad al señalar lo que el resto de nosotros no vemos. Estos videntes nos recuerdan qué significa el reino de Dios, especialmente cuando nos acomodamos demasiado con nuestros propios reinos. Nos llaman a arrepentirnos, a dejar lo que hemos adquirido como verdad para poder ser adquiridos por la Verdad.

La Verdad no es algo que encaja perfectamente en nuestro pequeño rango de visión. Jesús nos dice que el ojo es la lámpara del cuerpo y, si el ojo es malo, todo el cuerpo estará lleno de oscuridad.[19] El Acusador sabe cómo corromper u oscurecer nuestra visión de Dios, de nosotros mismos y de los demás, algo que vemos desde el Génesis. La única manera de superar la oscuridad es fijando nuestros ojos en Jesús, que es la "luz de los hombres",[20] y Él nos dice que nos arrepintamos, por causa del reino.

Arrepentíos, porque el reino de los cielos se ha acercado.

(Mateo 4:17)

... el reino de Dios se ha acercado; arrepentíos, y creed en el evangelio. (Marcos 1:15)

El arrepentimiento es lo que hacemos cuando sabemos que somos ciegos y que estamos equivocados. Equivocados con respecto a Dios, a nosotros mismos y a los demás. El arrepentimiento lleva a una esperanza que está más allá de lo que vemos. Una esperanza que conecta y une. Una esperanza que la Escritura llama la herencia gloriosa de los santos.

alumbrando los ojos de vuestro entendimiento, para que sepáis cuál es la esperanza a que él os ha llamado, y cuáles las riquezas de la gloria de su herencia en los santos.

(Efesios 1:18)

Observemos que el texto dice "en los santos". Esta herencia está en nuestro interior. ¿Vamos a despertar y a verla? Jesús declaró algo similar cuando dijo en Lucas 17:21 *el reino de Dios está entre vosotros.*

Muchos nos hemos contentado con vivir en un estado somnoliento, viendo el mundo como medio despiertos. Bueno, el mundo necesita que nos despertemos de nuestra somnolencia espiritual. Una vez oí que describían a los Santos como personas que se despiertan ahora en lugar de esperar a "después".

El escritor de Hebreos hizo una lista de Santos, ejemplos para inspirarnos en nuestro viaje. Al repasar la lista en Hebreos 11, su peculiaridad se vuelve innegable. Hay reyes y jueces, vagabundos y desechados, profetas y guerreros, por no mencionar que una prostituta y el hijo de una prostituta tienen cabida en la lista. Pero lo que une a estos Santos en el espacio y el tiempo es su capacidad de *ver lo invisible*. Participaron de una realidad que aún no era suya y, al hacerlo, interrumpieron proféticamente el *statu quo*, preparando el escenario para su esperanza suprema: la realidad celestial revelada en Jesús.

Hubo un tiempo en el que a los seguidores de Jesús se les conocía como los Santos. En el Nuevo Testamento este identificador se usa más de sesenta veces, mientras que *cristianos* se usa solo tres veces. Por desgracia, cuando oímos la palabra Santo ahora, pensamos en una vidriera de cristal de colores y un halo. Pensamos en hombres y mujeres que, mediante su distinción religiosa, pertenecen a una clase propia. Pero no es así como la Escritura o la iglesia primitiva usó la palabra.

Pablo a menudo comienza sus cartas dirigiéndose a su audiencia diversa como Santos. Irónicamente, hacía esto para combatir el mismo elitismo que incluso hoy rapta nuestro entendimiento de lo que significa ser Santos. Recuerda que Pablo estaba escribiendo a personas que acababan de entender lo que significaba seguir el Camino. Los que leían sus cartas eran judíos y gentiles, esclavos y libres, hombres y mujeres. No había distinción: no había "Santos y los que no lo son". Algunos de los judíos mostraban su desacuerdo con esta idea porque ellos eran los santos o escogidos, y los gentiles eran lo impíos. Pero Pablo sabía que no había lugar para ese tipo de pensamiento en el reino de Dios. De dondequiera que fueran o quienquiera que fueran, no cambiaba el hecho de que ahora eran

Santos: personas del reino. Un hecho que sigue siendo igual de cierto para nosotros hoy.

Santos es un identificador colectivo, no un prefijo especial que va delante del nombre de alguien. Cuando miramos pasajes como Daniel 7, vemos que los Santos son las personas del reino. Para ser más preciso, son los que poseen el reino.[21] En Apocalipsis 5 es la oración de los santos lo que se vierte mientras los seres vivientes y los ancianos celebran un reino que no tendrá final.

Parece que las oraciones de los Santos son importantes para Dios... y para su reino.

Estas almas, de pie y de puntillas, nos ayudan a todos a ver lo invisible.

6

INICIAR LA CONVERSACIÓN

"Solo podemos aceptar la frase "orar sin cesar"
como realista si decimos que toda la vida del santo es
una oración poderosa e integrada".
Tertuliano, Cipriano y Orígenes, *On the Lord's Prayer*
(Sobre el Padre Nuestro)

La hora viene cuando ni en este monte ni en Jerusalén
adoraréis al Padre… los verdaderos adoradores
adorarán al Padre en espíritu y en verdad.
—Juan 4:21, 23

El otro día estaba al teléfono con un amigo que se ha desilusionado con Dios, la oración, la iglesia, y con lo que todo ello significa. Es un tipo inteligente, y tiene la habilidad de descubrir los sentimientos vacíos con su ingenio y honestidad. En un punto, mientras hablábamos concretamente sobre la oración, dijo directamente:

"Addison, sencillamente no me gusta despertarme temprano para tener una conversación con alguien que no me responde. Me refiero a que Dios es el único que se va sin haber aparecido ni un solo instante, pero espera que tú estés ahí todos los días".

Mi amigo sentía que Dios lo había decepcionado en algunos momentos clave de su vida, momentos en los que necesitaba una respuesta con respecto a dónde debía ir y lo que debía hacer. Oró e hizo lo que sabía hacer, pero no recibió las respuestas que buscaba. Y a él eso no le parecía justo.

Me alegré al oír la honestidad de mi amigo. Durante la mayor parte de su vida, y probablemente toda su vida de adulto, su fe había sido un poco más que un ejercicio intelectual. Ahora está en una etapa en la que necesita que la oración sea algo más que lo que ha sido para él, así que va por buen camino. Le dije que Dios no se asusta de la honestidad, y que tan solo quiere que seamos nosotros los que iniciemos la conversación.

Pasamos mucho tiempo con nosotros mismos: pensando, sintiendo, haciendo. Sin embargo, para la mayoría de nosotros las partes más auténticas de nuestra vida, conocidas como nuestro mundo privado o vida interior, siguen siendo en gran manera un misterio para nosotros y para el mundo que nos rodea. La razón de esto es simple, pero difícil de desentrañar: no hemos aprendido a ser constantes en la oración.

¿Qué pasaría si hubiera un modo de orar sin cesar? ¿Y si pudiéramos sincronizar nuestro corazón con el del Padre y vivir como vivió el Hijo, siguiendo el ejemplo de Jesús de hacer solo "lo que ve hacer al Padre"? Si, como dice el salmista, Dios se preocupa por cada detalle de nuestra vida,[1] ¿no debería ayudarnos la oración a ver que sus palabras son ciertas?

Usamos la palabra *omnipresente* cuando describimos la presencia de Dios, pero no creo que lo creamos. Al menos, no lo hacemos algo personal. La mayoría de nosotros, lo admitamos o no, vemos el mundo en dos partes: sagrado y secular. En el mundo cristiano, "sagrado" tiene que ver con las cosas religiosas como la iglesia, la oración o la adoración. Estos son los lugares donde a Dios le gusta habitar. "Secular" es un cubo para todo lo que no sea explícitamente cristiano. A Dios realmente no le gustan estos lugares. Sagrado es todo lo eterno e importante; secular es todo lo inminente y necesario. La oración es demasiado sagrada para las partes seculares de nuestra vida.

Pero este es el problema de esta visión del mundo: en base a esta distinción, pasamos la mayor parte de nuestro tiempo en el mundo secular, haciendo cosas seculares. Vemos la mayor parte de nuestra vida como profana o impía, lo cual puede hacernos creer que no somos santos. La palabra *profano* viene de *pro* ("antes") y *fanum* ("templo"): es decir, "fuera del templo". Sin embargo, Jesús nos desafía a vernos como personas del templo, y todo nuestro trabajo como sagrado. Ya no deberíamos ver nada ni nadie como profano o indigno de nuestra santa atención. La duplicidad y la hipocresía se disparan cuando creemos en la división secular/sagrado. Subconscientemente, justificamos una conducta distinta en base al lugar y las personas que nos rodean, pero el reino de Dios no conoce esta separación. Hagamos lo que hagamos, incluso las funciones básicas de comer y beber, tenemos que ser agentes para la gloria de Dios.[2]

Orar constantemente es vencer la división entre secular y sagrado. Dios es soberano sobre nuestra vida y sobre este mundo. No hay nada que escape de su atención, y nos invita a ver las cosas como Él las ve y a reclamar cada centímetro de su buena creación.

Cuando comencé a estudiar por primera vez lo que significaba estar en oración constante, pensé que la idea era ridícula, pues sonaba a trabajo constante; sin embargo, finalmente me di cuenta de que la oración constante es un lugar de descanso, no otra forma de esforzarse. Es un descanso del corazón, una profunda respiración sagrada. Ese tipo de oración nos mantiene dependientes de Dios y su visión, a fin de que no volvamos a creer que somos dioses que tenemos que construir nuestros propios reinos. Dios quiere dejarnos entrar en los mayores secretos de la vida. El salmista David escribió que los pensamientos de Dios hacia nosotros son mayores que la arena repartida sobre la tierra.[3] Un pie cúbico de arena tiene aproximadamente un millón de granos, así que haz la cuenta. Esos son muchos pensamientos que la Voz tiene que compartir.

Pero la mayoría de nosotros estamos demasiado distraídos viendo lo que realmente está ocurriendo a nuestro alrededor. Nuestros pensamientos no están fijos en cosas más altas, así que perdemos la esperanza, la fe y el amor. La vida se convierte en algo que superamos, y las cosas que antes nos producían gozo, como el matrimonio, el trabajo, los niños o los amigos, nos desgastan. Nos avergonzamos de nuestras decisiones e intentamos mantener a Dios a un brazo de distancia, esperando portarnos bien hasta que volvamos a invitarlo de nuevo. Desesperados, cerramos la conversación, limitando nuestras palabras con Dios a oraciones rancias y servicios de domingo.

Pero el Padre quiere que iniciemos la conversación. La oración es algo profundamente humano, que toca cada parte de nuestra humanidad. Es solo mediante la oración como podemos conocer y enfrentar lo que verdaderamente somos y lo que este momento requiere de nosotros. Hasta que aprendamos que nuestra vida puede ser una oración, seguiremos siendo extraños a nuestros temores y esperanzas, pecados y deseos, debilidades y fortalezas. Claro, seremos conscientes de algunos de ellos, pero no los veremos como verdaderamente son, ni tendremos la fuerza y la sabiduría para sondear sus profundidades.

Cuando nos rendimos a una vida de oración, nuestro corazón nunca deja de compartir palabras con Dios. A fin de cuentas, hay mucho que compartir. Muchas de estas palabras serán inexpresadas y desconocidas para nosotros, pero harán su trabajo. El Espíritu y el Hijo interceden constantemente por nosotros, acallando los murmullos y las mentiras que nos impiden entregarnos a la voluntad del Padre, ayudándonos a rendir cada parte de nuestro ser a los ritmos del amor.

Las Escrituras a menudo usan metáforas del matrimonio para expresar la conexión entre Dios y nosotros. Veamos la idea de la oración constante mediante los ritmos de un matrimonio saludable. La razón número uno por la que los matrimonios fracasan es la falta de comunicación. La mayoría de los matrimonios pueden sobrevivir a discusiones verbales, pero cuando las parejas entran en la indiferencia o el menosprecio, eso es una señal reveladora de que pronto entrarán en acción los abogados.

Cuando se trata de la comunicación en el matrimonio, hay dos categorías dominantes. Por supuesto, hay muchos matices y tipos, pero la gran mayoría entran en estas dos categorías.

La primera categoría es tiempo de calidad. Este es un tiempo enfocado de conexión, y no se debería apresurar o acelerar. El tiempo de calidad puede ser espontáneo, pero a menudo se programa, especialmente cuando la pareja está navegando entre demandas y responsabilidades de niños, vocación y la comunidad. Casi todas las mañanas, Juli y yo pasamos tiempo juntos antes de que se despierten los niños. Nos sentamos, leemos la Biblia, escribimos nuestros diarios, conversamos y tomamos café. Los sábados tenemos un tiempo juntos más extenso, el cual llamamos Sentada de Sábado, y también los jueves salimos en la noche al menos dos veces al mes. Estos momentos juntos representan nuestro tiempo de calidad.

La segunda categoría es el tiempo consciente. Es tiempo en el que cada uno de nosotros es consciente de la presencia del otro, estemos juntos en persona o no. Se podría decir que este tiempo es posible gracias a la contemplación o la consciencia. Somos uno, como dicen las Escrituras, y hay una interconexión que es inherente al matrimonio. Para mantenernos conectados conversamos, escribimos, apoyamos, posponemos, servimos, damos, recibimos, escuchamos, y cosas semejantes. Estas acciones son continuas y espontáneas, en gran parte un reflejo de los retos y oportunidades únicos de cada día. Nuestro pacto nos conecta, incluso cuando nuestros días vayan en direcciones distintas. Nuestros pensamientos y palabras llegan hasta el otro incluso cuando estamos separados.

El tiempo consciente y el tiempo de calidad trabajan juntos para conectarnos y mantenernos conectados. En un sentido se retroalimentan y, por lo tanto, ambos son necesarios el uno para el otro.

La metáfora tiene sus limitaciones, como les ocurre a la mayoría, pero cuando se trata de la oración, necesitamos tiempo de calidad y tiempo consciente con Dios. Es imposible experimentar constancia en la oración sin ambos. Aunque Jesús vivió en perfecta comunión con Dios (tiempo consciente), se apartaba para tener tiempos a solas, ayunando y orando (tiempo de calidad). Iniciar la conversación, por lo tanto, no significa que abandonemos nuestro lugar de oración, ese lugar donde pasamos tiempo de calidad privada con Dios. Significa que también dejamos que nuestra vida de oración salga de ese lugar y llegue a cada momento consciente.

A menudo la gente se pregunta cuánto tiempo debería pasar a solas en oración. La respuesta es sencilla: no lo sabrás hasta que lo pruebes. Hazlo parte de tu rutina regular. Cuando tengo tiempo de calidad con Dios, a veces camino por la calle, y a veces me siento en un lugar tranquilo. Otras veces me arrodillo y me postro.

Al hacerlo regularmente, tu tiempo "en ese lugar" reflejará lo que necesitas en la etapa en la que estás. Como sucede con el entrenamiento: los entrenamientos por sí mismos cambian con la edad, pero la regularidad siempre es más importante que la intensidad. Para ampliar la metáfora del gimnasio, si haces la misma rutina cada vez, tus músculos se pueden atrofiar, así que es importante hacer cambios *mientras sigues acudiendo a entrenar*.

Cuando acudimos a nuestro lugar de oración, somos cada vez más conscientes de cómo habla la Voz fuera de ese lugar concreto.

La única manera de iniciar la conversación y comenzar una vida de oración constante que una nuestro corazón con el mundo, es siguiendo el ejemplo de Jesús. En Jesús encontramos una disciplina que se parece a la espontaneidad. Él estaba preparado y presente en cada momento y, por esas razones, sabía lo que cada momento exigía de Él. Esto, por supuesto, era diferente según el momento, y lo llevaba de un lugar a otro. Si sigues sus movimientos, te parecerá que Jesús casi vagaba sin rumbo; sin embargo, al mirar intencionadamente su vida y su obra, encontramos una forma más elevada de orden (llamémoslo "reorden" si deseas) y consiguió hacer más en tres años de lo que nosotros conseguiremos en toda una vida.

El secreto del éxito de Jesús, si está bien usar esa palabra, es su interconectividad con el Padre. Como Él nos recuerda: "No puede el Hijo hacer nada por sí mismo, sino lo que ve hacer al Padre".[4] Su vida estaba motivada constantemente por su cercanía con Dios. Para Él, la oración no estaba limitada a un momento sino extendida por los momentos, conectándolos para un propósito integrado. Su vida era disciplinada, sin fractura o desintegración. El Integrador, que es el Espíritu Santo, y el Hijo, se asocian para revelar la belleza y salud de la unión, llevando restauración a personas y lugares fracturados.

Como veremos en un capítulo más adelante, la intención de Dios para nosotros es que crezcamos en Cristo y aprendamos el camino de la Danza. Esta danza no es libre para todos, donde vale cualquier movimiento. Hay pasos concretos que debemos aprender por el bien de todos los involucrados. Eso es lo que significa seguir a Jesús, Aquel que encarnó la Danza.

Durante esta vida, nuestro cuerpo, que es el templo del Espíritu, debe ser disciplinado para seguir el Camino. Es con nuestros cuerpos, y a través de ellos, como recibimos y compartimos la nueva vida del reino. "Espiritualidad", escribe Dallas Willard, "es una relación de nuestro yo personificado con Dios que tiene el efecto natural e irreprimible de hacernos vivos para el reino de Dios, aquí y ahora en ese mundo material".[5]

Nuestro crecimiento espiritual se ve en las decisiones que tomamos con nuestro cuerpo. Es con el cuerpo con lo que bendecimos y maldecimos, perdonamos y reconciliamos, protegemos y servimos, nos abstenemos y disfrutamos. Como deja claro Pablo en su carta a los Corintios, cuando degradamos nuestro cuerpo (o carne), degradamos el templo del Dios vivo.[6] El cuerpo humano es donde las Buenas Nuevas se hacen reales para nosotros y para otros; por lo tanto, es propiedad del templo.

El apóstol Pablo nos dijo *ejercítate [gymnazō] para la piedad; porque...la piedad para todo aprovecha, pues tiene promesa de esta vida presente, y de la venidera.*[7] Pedro y el escritor de Hebreos también usan *gymnazō* para describir nuestra participación en la obra buena y formativa de Dios. Esta palabra griega es de donde se deriva nuestra palabra *gimnasio*. La vida, si así lo quieres ver, es un gimnasio donde somos formados en los caminos del reino. En otro pasaje, Pablo dijo que *por esto procuro tener siempre una conciencia sin ofensa ante Dios y ante los hombres.*[8] La palabra griega *askeō* (traducida como "procuro") también se puede traducir como "esfuerzo".[9] En otros lugares, Pablo también nos dijo: *Esfuércense por demostrar los resultados de su salvación obedeciendo a Dios con profunda reverencia y temor*[10] y *limpiémonos de toda contaminación de carne y de espíritu, perfeccionando la santidad en el temor de Dios.*[11]

Toda esta conversación sobre entrenamiento, esfuerzo y dolor suena mucho a trabajo duro, ¡y es cierto que lo es! Una vida de piedad (la vida próspera) conlleva mucho aprendizaje y desaprendizaje. Es doloroso cuando nuestras ideas de lo que es mejor para nuestra vida se caen por sí solas. No queremos dejar nuestros viejos caminos y desarrollar nuevos hábitos. Esta es una de las razones por las que Jesús les dijo a sus adormilados discípulos *Velad y orad... el espíritu a la verdad está dispuesto, pero la carne es débil.*[12]

Por eso también el apóstol Juan habla una y otra vez de *hacer justicia*.[13] Nos convertimos en quienes somos mediante lo que hacemos repetidamente. El reto es que a muchos nos han enseñado una de las dos mentiras tan comunes. La primera mentira es que debemos ganarnos nuestro camino a Dios, reuniendo abundancia de buenas obras para aplacar su ira y asegurar su gracia. Esta creencia errónea ha amargado el entendimiento de muchas personas de lo que son las disciplinas espirituales o las prácticas ascetas. Ciertamente, ha comprometido el entendimiento que tienen de la oración un buen número de personas.

La segunda mentira es que, debido a la gracia, no tenemos que hacer nada más que creer en la justicia de Jesús. Nuestra forma de vivir realmente no importa porque todos somos pecadores salvados por gracia. Así que tan solo deberíamos estar agradecidos por la Cruz y hacer lo que podamos para no pecar demasiado.

Dallas Willard derriba ambas mentiras cuando escribe que "la gracia no está reñida con el esfuerzo, está reñida con el merecimiento".[14] Nuestra práctica de la justicia nos ayuda a ser quienes somos: Santos que pueden estar en oración constante; sin embargo, eso no significa que nos merezcamos nuestra justicia. Significa que nos esforzamos.

En el libro de Santiago se nos dice que recibamos con mansedumbre (humildad) la palabra implantada que tiene poder para salvar nuestra alma.[15] "Palabra" es *logos* en griego. Santiago está usando *logos* del mismo modo que lo hace Juan: *En el principio era el Verbo [logos], y el Verbo era con Dios, y el Verbo era Dios…Y aquel Verbo fue hecho carne, y habitó entre nosotros.*[16] La palabra implantada es la que finalmente es verdad acerca de Dios, de nosotros y del mundo. Es la integración de la Verdad revelada por el Espíritu de verdad. Mediante la humildad, la palabra implantada se abrirá paso desde lo más hondo de nuestro ser y reformará cada parte de nuestra vida, pero esto no puede suceder si no nos entregamos a su poder para salvar nuestro bienestar (vitalidad). Somos, por supuesto, salvados por la vida de Jesús en el momento de nuestro renacimiento, pero nuestra capacidad para experimentar lo que ya es nuestro está determinada por nuestra entrega constante a lo que finalmente es verdad. Pablo y Jesús llaman a este proceso "morir diariamente". Después, en el mismo capítulo, Santiago dice que debemos perseverar para creer lo que finalmente es cierto acerca de nosotros; de lo contrario, viviremos de tal modo que nuestras acciones contradecirán nuestra nueva naturaleza. Para Santiago, cómo vivimos refleja lo que creemos, así como la luna refleja el sol.

Por lo tanto, de forma práctica, ¿qué significa esto para nosotros?

Significa que tenemos un trabajo importante que hacer. Para mantener la conversación abierta, debemos participar en el trabajo dirigido por el Espíritu que quita el poder a las mentiras que nos rodean y las saca a la luz. Hay prácticas de misión y de omisión que aprender, y si queremos crecer en Cristo, tenemos que pasar tiempo regularmente en el gimnasio de lo que es real, para tener la fuerza y la perspectiva para saber qué hacer y cuándo hacerlo. La gracia puede librarnos de intentarlo en nuestras propias fuerzas, pero es necesario que entrenemos en la fortaleza de Dios. En palabras de Pablo:

Así que, hermanos, os ruego por las misericordias de Dios, que presentéis vuestros cuerpos en sacrificio vivo, santo, agradable a Dios, que es vuestro culto racional. No os conforméis a este siglo, sino transformaos por medio de la renovación de vuestro

entendimiento, para que comprobéis cuál sea la buena volun-
tad de Dios, agradable y perfecta. (Romanos 12:1-2)

El peligro está en que hagamos de las disciplinas un fin en sí mismas. Todos hemos conocido a personas que han olvidado el propósito de comer saludable o hacer ejercicio y cuya salud ahora se ve comprometida por las mismas actividades que se supone que debían promover su bienestar. De nuevo, Willard tiene algo brillante que decir sobre este asunto:

Las actividades que constituyen las disciplinas no tienen valor en sí mismas. El objetivo y la sustancia de la vida espiritual no es ayunar, orar, himnos, cantar, vivir de forma frugal y cosas semejantes. Más bien es el disfrute eficaz y pleno del amor activo de Dios y la humanidad en las vueltas diarias de la existencia normal en la que vivimos.[17]

Iniciamos la conversación para conocer la conectividad o comunión con Dios, con nosotros mismos, y con los demás. Esta apertura del yo es el camino de gozo y prosperidad, y se encuentra en las "vueltas diarias de la existencia normal".

Como ocurre con muchas otras cosas en la vida, la puerta para entrar es también la puerta para salir: la entrada es también la salida. Una vida de consciencia, la cual se cultiva mediante la disciplina espiritual, inicia la conversación, revelando el papel de la oración en la conectividad de todas las cosas. Sin embargo, cuando estas disciplinas se malentienden y aplican mal, nos hacen apartarnos del mundo que Dios ama y buscar la paz en un reino que nosotros mismos creamos. La oración para estas personas se convierte en una fuente de orgullo, y comienzan a parecerse al fariseo que solía orar alardeando de lo bueno que era. Este hombre quizá parecía espiritualmente apto, pero no estaba justificado delante de

Dios; su "bondad" alimentaba su orgullo y le impedía rendirse a lo que en última instancia es cierto acerca de la fidelidad: la justicia y la misericordia.

El punto de cualquier disciplina no es la acción o la práctica en sí. Entrenamos para jugar. Por eso el mucho entrenamiento, en cualquier deporte, nos prepara para saber qué hacer cuando se produzca lo inesperado. Debemos conocer las maneras de ser espontáneos, y deberíamos conocer las reglas antes de romperlas. Cualquier búsqueda de artesanía o excelencia requiere que creamos estas cosas. ¿Por qué no iba a ser lo mismo con nuestra santificación: el viaje de convertirnos en lo que ya somos?

La buena noticia es que no tenemos que descubrir las disciplinas por nosotros mismos. Podemos fijarnos en los que han practicado el Camino y "menospreciaron sus vidas hasta la muerte".[18]

Si quieres aprender más sobre las disciplinas espirituales, te sugiero el libro de Dallas Willard *El espíritu de las disciplinas*, y el libro de Richard Foster *Celebración de la disciplina*. Si vas a escoger uno de los dos, escoge el de Willard, pero vale la pena leer ambos.

Otra forma de iniciar la conversación es involucrarse en prácticas que fomenten la oración durante todo el día. Estas prácticas nos ayudan a ser más conscientes de lo que Dios está haciendo a nuestro alrededor y en nosotros, ayudándonos a ver cómo podemos participar y disfrutar de su buena obra. Destacaré aquí dos prácticas.

La primera práctica es el examen ignaciano o el examen diario. Es una práctica sencilla que nos hace pasar por una serie de movimientos, todos ellos inspirados por la Oración u otros modelos de oración, principalmente los que se encuentran en el libro de

Salmos. Los pasos son sencillos, y la idea es tomarse todo el tiempo que sea necesario para terminar cada paso.

Pausa y respira hondo varias veces. Reconoce que, estés donde estés, estás en la presencia de Dios.

Lleva lo que el salmista llama un sacrificio de agradecimiento.[19] Esta es una oportunidad para que expreses gratitud por el día. Sé específico y genuino. Este momento de gratitud pone las cosas en perspectiva.

Expresa tus peticiones al Padre. Aquí es cuando eres concreto con tus necesidades y deseos, invitando a ver su perspectiva en tus luchas y oportunidades.

Repasa el día con Dios. Haz un diario por las emociones y luchas vividas en el día. Sé sincero en cuanto a dónde has ignorado la presencia y la guía de Dios.

Pide perdón y perdona a quien sea necesario. Este es un paso de sanidad que reintegra nuestro corazón con el del Padre y nuestros hermanos y hermanas

Piensa en el futuro con Dios y pide que su poder renovador esté contigo. Aquí es donde se hacen los planes con Dios, donde respondemos y obedecemos.

Consciente de la presencia y la bondad de Dios, termina el Examen, pero llévate contigo la realidad de Emanuel: "Dios con nosotros".

Quizá te parezcan muchos pasos, pero una vez que intentas orar el Examen, te darás cuenta de que los pasos fluyen de manera natural uno tras otro.

Otro ejercicio que ayuda a iniciar la conversación es una práctica llamada el Oficio Diario. La palabra *oficio* viene del latín *opus* o "trabajo". Se llama el Oficio Diario porque es el trabajo más importante de nuestro día, un hecho que la iglesia primitiva defendió de palabra y obra, y una verdad que a menudo olvidamos en nuestra vida tan alocada. Aunque lo practicaba la iglesia primitiva, esta práctica es anterior al primer siglo y se ve en las vidas de personas como Daniel y el rey David.

Me encontré con el término Oficio Diario por primera vez en el libro de Peter Scazzero *Espiritualidad emocionalmente sana*. Scazzero desglosa la práctica en cinco partes: dos minutos de silencio y quietud, una lectura de la Palabra, un devocional, una pregunta a considerar, y una oración.

La esperanza es que el Oficio Diario, como el Examen, ayude a crear una consciencia continua de la presencia de Dios; ambas prácticas están diseñadas para ayudarnos a crecer en conectividad con Dios mediante una autorrevelación mutua y continua.

Cuando se trata de iniciar la conversación, lo que importa es que seamos constantes y estemos presentes. Dios no necesita que actúes como el padre divorciado que se siente culpable por no estar nunca presente y aplaca la culpa con actos y promesas extravagantes. Él solo quiere tiempo contigo: tiempo de calidad y tiempo consciente. Algunos de mis momentos favoritos y conversaciones más significativas con mi esposa, mis hijos y mis mejores amigos se han producido cuando no estábamos haciendo nada. Tan solo estábamos juntos.

Dios quiere tener comunión con nosotros: constantemente. Si esto no fuera cierto, Jesús no nos habría dicho que oráramos siempre y que nunca nos rindiéramos. El reto es que nos cuesta oír la Voz cuando pasamos la mayor parte de nuestra vida escuchando otras voces. Pero, si seguimos perseverando y permitimos que la oración salga de su caja proverbial, seremos más conscientes de que Dios nunca está en silencio.

De una forma o de otra, la Palabra habla. Y los que se acercan escuchan la Voz.

Para cerrar este capítulo, quiero mencionar un área en la que podemos iniciar la conversación: nuestra vida mental. Pasamos mucho tiempo pensando. De hecho, pasamos más tiempo despiertos procesando cosas en nuestra mente que formando palabras con nuestra boca.

Estamos aprendiendo más y más sobre el poder de la mente y su efecto sobre el mundo visible, pero incluso hace miles de años, Salomón escribió: *Examina la senda de tus pies, y todos tus caminos sean rectos.*[20] La palabra hebrea traducida como "examina" también se podría traducir como "nivela". En otras palabras, el pensamiento correcto conduce a vivir bien.

"El mundo es tu caleidoscopio", escribió James Allen, "y las distintas combinaciones de colores que se presentan ante ti con cada movimiento, son las imágenes exquisitamente ajustadas de tus pensamientos que siempre están en movimiento".[21] Sabemos que el Sr. Allen tiene razón, y ese es el motivo por el cual nuestra vida mental debe ser incluida en cualquier conversación sobre la oración.

Las Escrituras nos dicen que renovemos nuestra mente para estar en sintonía con la mente de Dios.[22] También nos dicen que llevemos cautivo todo pensamiento a la obediencia a Cristo.[23] De modo práctico, hacemos eso rindiendo nuestros pensamientos a Dios, en oración. Al hacerlo, los afanes y las preocupaciones se convierten en peticiones; las mentiras doblan sus rodillas ante la Verdad; los temores e inseguridades se transforman en clamores pidiendo ayuda y momentos de fe; los pensamientos de ineptitud se transforman en reconocimientos de dependencia; los sentimientos de gozo se convierten en desencadenantes del agradecimiento; y la lista continúa.

Cuando Pablo nos animó a orar sin cesar, me imagino que tenía en mente algo parecido a lo que acabo de describir. A fin de cuentas, sería imposible actuar mientras estamos escondidos o arrodillados junto a nuestra cama todo el día. Esta es una de las razones por las que la oración, para muchos, parece poco práctica y algo que solo hacen los monjes o personas que tienen la espalda contra la pared.

¿Deberíamos tener tiempos dedicados de oración? Por supuesto. Jesús nos dijo que lo hiciéramos, y también nos modeló este estilo de vida. Pero Jesús también vivió en sintonía con el Padre, de una manera que solo es posible cuando la consciencia de alguien está en sintonía y dirigida por el Espíritu.

De nuevo, por eso Jesús pudo decir: "Solo hago lo que veo hacer a mi Padre". Algunos creen erróneamente que un estado tal de consciencia sería perjudicial para las personas. "Piensa tanto en el cielo que no es bueno para la tierra" no es un halago. Sin embargo, ese pensamiento separado en niveles es precisamente el problema. El objetivo de Dios es la integración, y la oración guiada por el Espíritu es nuestra manera de conocer que eso es cierto.

Cuando esta era dé paso a la siguiente, el cielo y la tierra renacerán como uno solo. Es entonces cuando conoceremos como fuimos conocidos; nos veremos a nosotros mismos y el mundo que nos rodea como verdaderamente son. Primera de Corintios 13, el gran capítulo del amor, alcanza su clímax con esta promesa.

Y Dios, como es un Padre tan bueno, quiere que conozcamos las bendiciones aquí y ahora. Vamos, inicia la conversación y ve más de Dios en tu vida cotidiana.

PARTE 3

LA DANZA

7

EL INTEGRADOR

Dios envió a vuestros corazones el Espíritu de su Hijo,
el cual clama: ¡Abba, Padre!
—Gálatas 4:6

"La oración misma es un arte que solo el Espíritu Santo
puede enseñarnos. Él es el dador de toda oración".
Charles H. Spurgeon, *The Power in Prayer*
(El poder en la oración)

¿Alguna vez has visto la oración como un arte y al Espíritu como tu maestro?

El poeta inglés Shelley una vez escribió de la poesía que "es un espejo que hace hermoso lo que está distorsionado".[1] La oración, igualmente, revela y arregla la belleza nativa del buen mundo de

Dios, una belleza que le pertenece a Él y a la realidad de su reino eterno.

Cuando nos ponemos ante una gran obra de arte, como *El regreso del hijo pródigo*, de Rembrandt, entramos en una experiencia compartida que adopta muchas formas. La respuesta de cada persona a una obra de arte es única. Aunque el arte sea estático, como el cuadro de Rembrandt, tiene una vida que refleja la vida en nuestro interior. Nos vemos a nosotros mismos en la pintura o, al menos, vemos la pintura a través de nosotros. Y esta interacción íntima es lo que hace que la gente se enamore de una obra de arte y quiera compartirla con otros.

Nos resulta fácil olvidar que nuestro mundo es la gran obra de arte de Dios. La majestad de nuestro mundo es un tributo a la amplitud del ser de nuestro Dios. *Los cielos cuentan la gloria de Dios*, escribe David, *Y el firmamento anuncia la obra de sus manos. Un día emite palabra a otro día, y una noche a otra noche declara sabiduría.*[2] Los movimientos de la naturaleza nos impulsan a buscar más allá de nuestra pequeñez, porque hay belleza en el más allá.

A medida que la humanidad progresa en las ciencias, estamos descubriendo la interconectividad de todas las cosas, una verdad que el arte siempre ha entendido de manera intuitiva. El mundo está más integrado de lo que nunca pensamos que estaría. No siempre entendemos la interconectividad, pero sabemos que está ahí, y los científicos usan términos como *teoría del caos* para ese fenómeno.

En el relato de la creación que hay en Génesis, el Espíritu de Dios se mueve sobre el caos y la oscuridad, esperando el tiempo adecuado para convertir el vacío en un lugar de conexión. De forma similar, el Espíritu se movió sobre el Hijo, marcando al Hijo como guía a la vez que el camino de regreso al Edén. La realidad de la nueva creación, o renacimiento, se volvería real en Él, y el Espíritu, el que es sinónimo de la obra creativa y el poder de Dios, marcaría a los que renacieran a esta nueva vida, concediéndoles una nueva naturaleza, una que viene con una gracia más allá de su habilidad natural. Una gracia a la que se accede a través de una oración de fe guiada por el Espíritu.

Pero este es el reto: cuando nos vemos ante miles de decisiones que tomar, ¿cómo sabemos por qué camino andar? ¿Cómo seguimos al que es el Camino, la Verdad y la Vida cuando hay tanta confusión y corrupción en nuestro mundo? ¿Cómo podemos ser personas de fe en un mundo que echa mano del temor en cada oportunidad que tiene?

Jesús sabía que a sus seguidores les costaría recibir la verdad acerca del reino, el Padre, y el amor que Él y el Padre compartían. Jesús pasó años viviendo y practicando esta verdad delante de ellos; sin embargo, seguían estando miopes, los ojos de su corazón no habían sido iluminados por el Espíritu de sabiduría y revelación; por lo tanto, Jesús prometió enviarles al Ayudador, el Espíritu de verdad, Aquel que conoce al Padre y al Hijo mejor que nadie porque el Espíritu siempre ha estado con ellos, la tercera persona de la danza trina.

Pero yo os digo la verdad: Os conviene que yo me vaya; porque si no me fuera, el Consolador no vendría a vosotros; mas si me fuere, os lo enviaré. (Juan 16:7)

Observemos que Jesús precede su frase con *pero yo os digo la verdad.* En otras palabras, lo que estoy a punto de decir puede que les resulte difícil de creer, pero no les he mentido antes y no les voy a mentir ahora. Para estos primeros discípulos, y también para ti y para mí, es fácil creer que nada podría ser mejor que el hecho de que Jesús caminara con ellos. Sin embargo, el ejemplo de Jesús, aunque hermoso y perfecto, no siempre encontraba hogar en el espíritu de ellos. El ejemplo se quedaba como algo externo, y sus ojos, oídos y corazones permanecían cerrados de muchas maneras a lo que Jesús estaba haciendo entre ellos.

Sin embargo, a través del Espíritu comenzarían a ver más allá de la forma para ver la sustancia. Serían capaces de contextualizar el mensaje porque conocerían el *porqué* detrás del *qué*, sin perder de vista el bosque de la redención por estar entre los árboles de la religión. Con la ayuda del Espíritu, serían capaces de oír las cosas que Jesús quería decirles y aprender a orar de una manera que acercara el cielo a la tierra.

Cuando se trata de la oración, es tentador querer averiguar la fórmula, marcar las casillas correctas, y continuar con nuestra vida. Pero la vida en el Espíritu no puede funcionar así; de lo contrario, sería algo totalmente distinto, y su resultado sería la esclavitud.

La oración es un ejercicio de libertad. Es la única manera de ubicar la libertad que anhela nuestro corazón, la anchura de la eternidad. Cuando oramos siendo guiados por el Espíritu, aunque nuestras oraciones sean gemidos, quejidos, canciones o palabras que no podamos reconocer, nos asociamos con Dios, fuera del tiempo y el espacio de maneras que entenderemos plenamente cuando existamos fuera del tiempo. Hay una paz, certidumbre y libertad que vienen solo al someternos al señorío y la guía del Espíritu, y eso incluye cómo oramos.

El apóstol Pablo, el que experimentó el tercer cielo y cosas acerca de las cuales ni siquiera puede escribir, nos dice que donde el Espíritu es Señor sobre nuestra vida, ahí encontramos libertad.

Continúa diciendo que contemplando la gloria de Dios, o sus caminos, podemos ser transformados a su semejanza por el Espíritu.[3] Esta es la forma más elevada de oración: contemplar a Dios en el Espíritu. Contemplar puede hacerse de muchas formas distintas, pero su esencia conlleva rendir todos nuestros esfuerzos para asirnos de Dios, a fin de poder ser asidos por Él. Contemplar es *ser sostenidos*. Es mirar de nuevo la naturaleza de Dios y morir a nuestro deseo de ser señor sobre cualquier parte de Él.

Cuando oramos en el Espíritu, estamos cediendo *lo que sabemos* para recibir *lo que Dios sabe*. Estamos diciendo sí a Aquel que nos mostrará cosas que nunca hemos visto y nos llevará a lugares a los que nunca podríamos ir. Jesús explica el Espíritu como una presencia profundamente formativa que, al igual que el viento, soplará sobre nosotros desde distintas direcciones, rehusando someterse a nuestras ideas de comodidad y eficacia. El Espíritu nos recuerda que no somos Dios y que aún estamos aprendiendo lo que es ser personas del Camino. Y, si queremos ver y también entrar en el reino de Dios, o a la realidad de Dios con nosotros y en nosotros, entonces el Espíritu debe tomar el mando.

En hebreo, la palabra *ruaj* se usa para el Espíritu de Dios; sin embargo, esta palabra también se puede usar para viento o soplo (vitalidad). Básicamente, el Espíritu es una parte inherente de la vida y el movimiento. El Espíritu es energía personificada, pero en la misma frase debo mencionar que el Espíritu de Dios no puede ser confinado a un algo impersonal porque el Espíritu es Alguien, que tiene emociones y protección especial del Padre y el Hijo. Hay ternura en el Espíritu, un atributo que debe venir con el hecho de escudriñar y saber todo acerca de todos, incluso las profundidades de Dios. Orar en o con el Espíritu es participar en un entendimiento universal de todas las cosas; es así como el Espíritu nos ayuda en nuestra debilidad, porque no sabemos cómo orar. Esa es la razón por la que también se nos dice que oremos en todo tiempo en el Espíritu.

Con demasiada frecuencia al Espíritu se le considera solo como una fuerza o poder impersonal, pero esa idea no se alinea con lo que vemos en las Escrituras. Jesús habitó con nosotros para demostrar que el Espíritu pronto haría lo mismo, convirtiéndose en una parte íntima de nuestra realidad interior. Jesús y el Espíritu trabajaron mano a mano para glorificar al Padre, revelando la naturaleza de Dios, pero Jesús se iría después de tres años y ascendería al cielo. El Espíritu se quedaría, habitando o morando entre nosotros, haciendo de nuestro corazón su casa.

Hay un momento en las Escrituras en el que Jesús se unió a sus discípulos en la Fiesta de las Cabañas (también conocida como Fiesta de los Tabernáculos) después de decirles que no iría con ellos; algo curioso, por cierto. Pero me imagino que eso es la vida en el Espíritu. El último día de la Fiesta de los Tabernáculos, un día conocido también como el gran día, Jesús se puso de pie y clamó, proclamándose como el agua viva para todos los sedientos asistentes a la fiesta (viajeros).

Si alguno tiene sed, venga a mí y beba. El que cree en mí, como dice la Escritura, de su interior correrán ríos de agua viva.

(Juan 7:37-38)

Si nos detenemos aquí, parece que Jesús está usando el lenguaje de los tabernáculos para hablar solo de sí mismo, pero Juan añade una frase explicativa para asegurarse de que no nos perdamos lo más importante… se trata del Espíritu:

Esto dijo [Jesús] del Espíritu que habían de recibir los que
creyesen en él.   (v. 39)

Según Jesús, el Espíritu de Dios nutre nuestro corazón con
aguas que fluyen de la presencia o naturaleza de Dios. Estas aguas
restauran, refrescan, renuevan, reviven, liberan. Es el agua viva de
vida eterna. Recuerda que Jesús dijo a la mujer samaritana que esta
agua es como una fuente que salta para vida eterna. Esta es la vida
del Espíritu, la vida que fluye de Dios; es la única agua que puede
sostenernos mientras recorremos los caminos de la nueva creación.

Cuando entendemos que la intención de Dios es que cada uno
de nosotros se convierta en un templo o tabernáculo, lugares donde
el señorío del Espíritu es evidente en nuestro mundo, entendemos
que la oración es donde debemos encontrar nuestro enfoque y
nuestro combustible. No somos tan solo transeúntes, escabullén-
donos por la vida hasta que lleguemos al otro lado. Como hijos
amados y renacidos del Espíritu, somos llamados a participar de la
realidad del reino de Dios, permitiendo que el Espíritu de Dios, a
través de la oración y la rendición, revele el corazón y la naturaleza
del Padre. Esta entrega al Espíritu es lo que Pablo describe como
el fruto o primicias del Espíritu.[4] Este fruto es el resultado natural
de una vida rendida al proceso santificador del Espíritu, una obra
profunda que nos impulsa a ir más adelante en el amor santo de
Cristo para experimentar la libertad del poder desintegrador del
pecado.

Para entender cómo el Espíritu se involucra en la oración, tenemos que mirar al misterio de la naturaleza trina de Dios, la gran
paradoja de todas las paradojas. ¿Cómo uno puede ser tres, y tres

pueden ser uno, para empezar? Intenta explicarle eso a un niño de tercer grado. No sería capaz de hacer matemáticas nunca más.

Cuando navegamos por estas aguas peligrosamente hermosas debemos ser cautos, para que en nuestro intento de ser sistemáticos, no disipemos sistemáticamente la majestad y otredad de Dios. Nuestro Padre santo es, como escribió Otto, el *mysterium tremendum*, el Misterio que se resuelve solamente al reconocer y profundizar en la otredad o santidad del amor dinámico.[5]

En mi libro *Santos: ¿cómo llegar a ser más que "cristianos"?* abordo nuestro temor al amor rastreando la palabra *intimidad* hasta sus orígenes en latín. *Intimidad* se parece mucho a la frase latina *in timor*, que significa "en temor". Intimidad es el gran salto al temor. Y cuando viajamos a la intimidad que comparte el Dios trino, encontramos algo tan *distinto* que lo único razonable que podemos hacer es clamar junto a los seres celestiales: *Santo, santo, santo... toda la tierra está llena de su gloria.*[6] Verás, ellos saben algo. Ven una gloria integrada que abarca el planeta; saben que llegará el día en que el conocimiento de la gloria de Dios llenará la tierra como las aguas cubren el mar.

Cuando hablamos de la santidad de Dios, debemos recordar que la obra de más ahínco de la santidad de Dios es su amor. Más concretamente el amor, que es el dinamismo eterno entre Padre, Hijo y Espíritu. El amor de ellos es el vientre de la creación, y su unidad hace que todo se mantenga unido; su intimidad es la responsable de todo lo visible y lo invisible. Los Santos primitivos usaban la palabra griega *perichōrēsis* para describir este fenómeno.

Perichōrēsis es la combinación de *peri* ("alrededor") y *choreia* ("una forma de danza"). Si se lee literalmente, significaría danzar o fluir alrededor.

En la cultura griega, hay una danza que comienza al menos con tres personas. Estos bailarines se mueven en perfecta armonía creando la semejanza de un círculo, con ondas que añaden movilidad y complejidad al movimiento. Mientras realizan la danza se unen otros bailarines, encontrando su lugar en la danza rápida pero aparentemente sencilla. Al final, la danza se convierte en una hermosa unión, donde los bailarines individualmente se entregan a la danza mayor con su combinada individualidad, dando vida a una identidad colectiva.

Con esto en mente, imaginémonos una Danza divina.

Hay tres personas. El Padre, el Hijo, y el Espíritu Santo. Como humanos, tenemos un punto de referencia con las relaciones padres e hijos. Por supuesto, las relaciones familiares a menudo están plagadas de disfunción, pero intenta recordar momentos de intimidad, seguridad o cercanía que apuntaran a algo más allá de lo humano. O si nunca has experimentando un momento así, intenta visualizar lo que deseabas o esperabas en un estado más inocente, un tiempo de fe en el que aún había un universo de posibilidades más allá de tu experiencia o intelecto. La idea o experiencia puede ser escurridiza, pero intenta aferrarte a ella.

"La unión entre el Padre y el Hijo", escribe C. S. Lewis, "es algo concreto tan vivo, que esta unión en sí es también una Persona".[7] Lewis veía al Espíritu Santo como la encarnación del amor entre el Padre y el Hijo. Este amor entre el Padre y el Hijo siempre ha existido, y como siempre ha existido, también lo ha hecho el Espíritu. En otras palabras, el Espíritu Santo es la demostración omnipresente y eterna del amor trino. Este Amor divino no puede evitar expandirse mediante la creación, invitando a las estrellas y a los hijos, criaturas y cometas, aves y proscritos, a aprender la Danza.

Es solo en este amor, y a través de él, como nosotros, que fuimos creados a imagen de Dios, *vivimos y nos movemos y somos.*[8]

Mientras toda la creación está participando en la Danza, solo mediante una decisión podemos llegar a ser participantes activos. Sin la decisión, los hermosos movimientos se volverían superficiales, comprometiendo la belleza de la relación, dejando un sabor rancio en la boca de la intimidad. Dios es relacional por encima de todo lo demás, y si queremos llegar a ser hijos e hijas de Dios maduros, debemos tomar la decisión. Al final, la adoración no es un asunto de realizar la mecánica perfecta, sino una invitación a vagar por el que es Digno. Y Aquel que es digno ha escogido la Tierra para que sea —como lo dice J. B. Phillips— el Planeta visitado.[9] El contexto escogido para el drama divino: el "taller del gran escultor", donde uno puede ver cómo las estatuas humanas cobran vida.

"Les conviene que yo me vaya" es una promesa de mayor intimidad y conexión. Una promesa de que *lo que ahora es externo después se volverá interno.* Una promesa de que los Santos (antes y ahora) podrían capturar y compartir una visión de salvación y reconciliación, una que va más allá de su piedad o seguridad personal.

Justo después de su comentario sobre dejarlos con el Espíritu como su guía, Jesús dice:

> *Y cuando él [Espíritu] venga, convencerá al mundo de pecado, de justicia y de juicio. De pecado, por cuanto no creen en mí; de justicia, por cuanto voy al Padre, y no me veréis más; y de juicio, por cuanto el príncipe de este mundo ha sido ya juzgado.* (Juan 16:8-11)

Evidentemente nosotros, como humanidad, hemos fracasado en nuestro entendimiento y respuesta al pecado, la justicia, y el juicio: las tres cosas que Jesús destaca aquí. Sin embargo, Jesús no nos deja en nuestros fracasos. Él promete que el Espíritu Santo convencerá al mundo e iluminará los corazones de los Santos, *para que todos sean uno; como tú, oh Padre, en mí, y yo en ti, que también ellos sean uno en nosotros; para que el mundo crea que tú me enviaste.*[10] La meta aquí, como puedes ver, es la integración.

El pecado, el primero de los tres asuntos que Jesús mencionó, desintegra y mata, descuartizando nuestra vida en todos los sentidos, pero el Espíritu de Dios nos empodera con una gracia que nos libera del dominio del pecado. La Ley, lo que Pablo llamó el ministerio de muerte,[11] no pudo librarnos del pecado, pero el Espíritu nos transforma revirtiendo y redimiendo el poder separador del pecado. Por eso el Espíritu Santo es el Integrador, fundiéndonos otra vez para unirnos a medida que nos entregamos a la realidad del reino, convenciéndonos de lo que al final es cierto acerca de Dios, de nosotros y de los demás. El Espíritu nos sella en amor eterno, empoderándonos para revelar al Hijo al mundo: *De este modo todos sabrán que son mis discípulos, si se aman los unos a los otros.*[12] Tal amor es posible solo cuando permanecemos en Jesús mediante el Espíritu.

Jesús también nos dice que el Espíritu Santo convencerá al mundo de justicia, segundo elemento de los tres, porque Él va al Padre, y ya no lo veremos más. A través de su vida y obra, Jesús ha reintroducido la justicia, restaurándola a su forma familiar. Jesús menciona específicamente al Padre junto a la justicia para explicar la relación existente entre la familia y la justicia. Nuestras vidas dirigidas por el Espíritu tienen que revelar la justicia de Dios, una justicia prometida a Abraham y revelada en su Hijo. Una justicia que no puede limitarse a códigos escritos, sino que se conoce solo al ser renacidos en su naturaleza: sus palabras entrelazadas en el tejido de nuestra nueva naturaleza. Una obra de la nueva creación que solo es posible mediante el Espíritu.

Lo último de lo que el mundo será convencido es de juicio. Según Jesús, el príncipe de este mundo, el Acusador, es juzgado. La palabra del Acusador acerca de nosotros, de Dios y del mundo de Dios resulta ser falsa; por lo tanto, ya no deberíamos confiar más en sus opiniones con respecto a esos temas. No tenemos que creer lo que dice sobre el pecado y la justicia. La vida, la muerte y la resurrección del Hijo nos han mostrado lo que siempre había sido cierto acerca del Padre, y podemos declarar confiadamente que el Acusador no tiene el derecho de juzgarnos. El único que puede juzgarnos es el Hijo, que además intercede por nosotros constantemente. Y, como esto es cierto, no tenemos que levantarnos en juicio contra otros: separando, dividiendo, y desintegrando. En cambio, mediante nuestras oraciones y acciones, podemos ser agentes de perdón y sanidad. Podemos ver el pecado como realmente es y "juzgar" desde un lugar de seguridad y aceptación. Nuestros juicios deben ahora ayudar a otros a reconciliarse con el Padre, trabajando con el Espíritu para librarlos de los enredos de sus pecados.

Por eso Jesús sopló sobre sus discípulos y dijo: *Reciban el Espíritu Santo.*[13] Cuando respiramos profundamente el poder del Espíritu para crear, sanar, restaurar e integrar, no podemos hacer otra cosa que exhalar un mensaje que libere a otros de la voz del Acusador y el efecto desintegrador de sus pecados. Jesús mismo, después de ser guiado por el Espíritu al desierto, regresó en el poder del Espíritu para declarar las buenas nuevas del reino. Toda su vida contó la historia, y su oración y conexión con el Padre fueron la fortaleza de su servicio. Si queremos ser personas del reino, almas sintonizadas con lo que Dios está diciéndonos a nosotros y al mundo, debemos ser personas que vivan a la par del Espíritu, confiando en el poder y en la perspectiva de Dios.

Para cerrar este capítulo, quiero compartir una historia sobre mi hijo pequeño, Augustus, y su primera revelación del Espíritu Santo.

Cuando tenía tres años, mis hijos mayores decidieron que deberíamos ver una película de Nancy Drew para nuestra noche de familia. Tras una breve indagación, la película parecía bastante inocente, y como yo crecí leyendo a los Hermanos Hardy, siempre había sido un fanático de los cuentos de misterio. Hicimos las palomitas, nos acurrucamos en el sofá y comenzó la película. Todo iba espléndidamente hasta que nos encontramos con un fantasma cuando la película iba prácticamente por la mitad. Cuando apareció el espíritu, intenté tapar los ojos de Augustus y a la vez justificar el miedo. Un mensaje confuso, a decir verdad.

"Auggie, el fantasma no es real, este es el misterio que Nancy Drew va a resolver enseguida. No hay por qué tener miedo, cariño. Mira, el fantasma no le hizo daño porque no es real".

Sin embargo, me di cuenta por su mirada que no había tenido éxito con mi mensaje. Él tenía los ojos abiertos como platos y su mirada fija. No había cantidad de razonamiento suficiente para ayudarlo; yo acababa de crear un complejo de fantasma, y lo sabía.

Pensé en sacarle del salón, pero decidí mejor dejar que terminara el viaje, por así decirlo, con la esperanza de que Nancy Drew fuera su heroína de costumbre y le aclarase todo este asunto del miedo.

Me ahorraré los detalles, pero digamos que pasé los siguientes seis meses navegando por un millar de preguntas sobre fantasmas además de los episodios ocasionales de traumas nocturnos. Me sentía muy mal. Mi valiente muchacho ahora tenía miedo a la oscuridad, y todo porque le dejé ver una estúpida película de Nancy Drew. No podía dejar de preguntarme a dónde lo llevaría este trauma. Comencé a imaginarme yo mismo dentro de veinte años sentado con Augustus, que ahora tiene ojos cansados y barba, explicándole toda esta situación a un psiquiatra que nos está cobrando miles de dólares por arreglar todo el daño que yo le he causado.

Pero justo cuando pensé que estaba perdido para siempre en el pozo de la desesperación de *La princesa prometida*, un rayo de esperanza irrumpió en la noche oscura: *Addison, preséntale a Augustus al Espíritu Santo*. ¡Eso era! La jungla sináptica de Auggie no permitiría que las neuronas del fantasma se escaparan; la única solución era hacer un viaje al puro estilo *Jumanji* y revelar un buen espíritu de Dios que podía acabar con los fantasmas malos.

Procedí a explicarle a Augustus el Espíritu Santo. Ahora bien, es bastante difícil explicar el Espíritu Santo a los adultos. Incluso con mi formación en pneumatología, y con el hecho de que fui coautor de un libro sobre el Espíritu Santo, me sentía inepto para la tarea que tenía por delante. El temor es, a fin de cuentas, un enemigo enorme; un enemigo que muta, evoluciona, y finalmente se alimenta de lo desconocido. Mis palabras no tenían peso. Salían de mi boca solo para caer en el valle de la confusión, que de algún modo cada vez era más ancho con cada intento de traer claridad. El asunto no estaba funcionando.

Pero, entonces, de nuevo, el alba de la esperanza se estaba asomando. La mirada confusa de Augustus se transformó en una seguridad firme. Con una sonrisa optimista y casi sugestiva,

Augustus dijo: "el Espíritu Santo no quiere asustarme, papá... ¡el Espíritu Santo quiere amarme!".

Me quedé en blanco.

Era tan simple y tan perfecto que me preguntaba por qué no fui yo quien dijo eso. "Sí, Augustus, ¡el Espíritu Santo quiere amarte!".

Pues no habéis recibido el espíritu de esclavitud para estar otra vez en temor, sino que habéis recibido el espíritu de adopción, por el cual clamamos: ¡Abba, Padre! (Romanos 8:15)

En palabras de mi hijo, el Espíritu de Dios quiere amarte. En su carta que conocemos ahora como 1 Juan, el apóstol nos dice una y otra vez que es mediante el don del Espíritu de Dios como podemos habitar en la revelación de amor.[14] Pablo expresa un sentimiento similar en su carta a los Romanos: *porque el amor de Dios ha sido derramado en nuestros corazones por el Espíritu Santo que nos fue dado.*[15] Ahí está. El Espíritu Santo quiere amarte; vale la pena decirlo otra vez.

Para llevarlo un paso más allá, y no es que esté intentando superar a un niño de tres años, el Espíritu Santo quiere invitarnos a la *perichōrēsis*, la danza de amor divina, el lugar donde se nos enseña el arte de la oración integrativa. El lugar donde aprendemos a escuchar la Voz.

8

ESTOY AQUÍ

Así que no se preocupen por el mañana, porque el día de mañana
traerá sus propias preocupaciones.
Los problemas del día de hoy son suficientes por hoy.
—Mateo 6:34, NTV

"Guíame al corazón del presente para poder
compartir tu presencia eterna".
John Philip Newell, *Sounds of the Eternal (Sonidos de lo eterno)*

¿Alguna vez has pasado tiempo con alguien que está profundamente presente? Alguien que no puede evitar entregar todo lo que tiene a la belleza y oportunidad de cada momento. Estos Santos parecen tener casi un poco de travesura en sus ojos, como si estuvieran a punto de contarte un secreto para el que todavía no es momento. Hay una palabra en latín que antes se usaba para describir a estas personas: *hilaritas*. Como su equivalente en español "hilaridad", esta palabra latina expresa gozo, emoción, celebración.

No es que la vida sea un chiste para estas personas, ni tampoco que no estén sintonizados con la gravedad de la existencia, sino más bien, debido a que están tan en sintonía con la seriedad de cada momento, no pueden evitar mirar a los ojos a la vida para ver que, por lo general, les devuelve la sonrisa.

El espíritu del "solo se vive una vez" de nuestra era es una distorsión de lo que estoy describiendo. Vivir bajo el peso del concepto comer, beber y alegrarse porque mañana moriremos conduce solo a una muerte prematura. Uno podría decir que vivir a lo loco deja la muerte al destino, mientras que el camino de la Vida, por el contrario, nos invita a entregar voluntariamente nuestra vida, muriendo a la pequeñez del yo *diariamente* para poder vivir en la realidad del reino. Solo entonces podemos derrotar al destino y escoger la muerte en nuestros términos.

El problema es que la mayoría de nosotros no sabemos cómo morir mientras vivimos, así que pasamos la mayor parte de nuestra vida siendo esclavos de la muerte, con el temor (un temor arraigado en la autopreservación) como nuestro guía principal. Se nos olvida, o al menos eso parece, que las Escrituras dicen: *para destruir por medio de la muerte al que tenía el imperio de la muerte, esto es, al diablo, y librar a todos los que por el temor de la muerte estaban durante toda la vida sujetos a servidumbre.*[1]

El perfecto amor echa fuera el temor, y el Acusador ya no puede suspender la muerte sobre nuestras cabezas. Cuando morimos diariamente, participamos del propósito redentor de Dios para la muerte, vemos con claridad lo que realmente importa sobre cualquier momento dado, y encontramos la fuerza para vivir la vida al máximo, recibiendo y dándole a la vida lo mejor.[2]

En ningún otro lugar es esta verdad más evidente que en la presencia del que sabe que solo le quedan días u horas de vida. La vida, como verdaderamente es, se vuelve clara para ellos. Las prioridades se ordenan de otra manera; las personas se vuelven más rápidas para perdonar; el riesgo parece más tolerable; la inacción parece más relevante; el tiempo se aprecia como menos prescindible. Y, con esta lucidez, la mayoría de nosotros podemos averiguar qué hacer, cuándo hacerlo, y con quién debemos hacerlo.

Pero ¿tenemos que esperar hasta entonces? Ya sea que nos queden décadas o días de vida, ¿hay una manera de llevar la claridad de la muerte a este preciso momento?

La respuesta es sí.

Pero el sí, como todos los síes, tiene un precio.

La mayoría de nosotros pasamos nuestra vida viviendo en cualquier lugar menos en el presente, y al enemigo de nuestra alma le gusta que así sea. En base a la investigación llevada a cabo por Matthew A. Killingsworth y Daniel T. Gilbert, de la Universidad de Harvard, las personas emplean casi la mitad de sus horas del día sin pensar en el presente o desconectados de lo que están haciendo. "La frecuencia con la que nuestra mente abandona el presente y el lugar donde suele ir", escribe Killingsworth, "son un mejor indicador de nuestra felicidad que las actividades en las que estamos involucrados".[3]

En medio de esta enseñanza sobre la vida en el reino, no mucho después de enseñarnos a orar, Jesús comparte esta misma verdad. Antes de leerlo, detente un momento e invita a Dios a que te hable mediante este pasaje. Siéntate en silencio. Respira tranquilamente. Cierra los ojos por un instante, y cuando vuelvas a abrirlos, comienza a leer.

Por tanto os digo: No os afanéis por vuestra vida, qué habéis de comer o qué habéis de beber; ni por vuestro cuerpo, qué habéis de vestir. ¿No es la vida más que el alimento, y el cuerpo más que el vestido? Mirad las aves del cielo, que no siembran, ni siegan, ni recogen en graneros; y vuestro Padre celestial las alimenta. ¿No valéis vosotros mucho más que ellas? ¿Y quién de vosotros podrá, por mucho que se afane, añadir a su estatura un codo? Y por el vestido, ¿por qué os afanáis? Considerad los lirios del campo, cómo crecen: no trabajan ni hilan; pero os digo, que ni aun Salomón con toda su gloria se vistió así como uno de ellos. Y si la hierba del campo que hoy es, y mañana se echa en el horno, Dios la viste así, ¿no hará mucho más a vosotros, hombres de poca fe? No os afanéis, pues, diciendo: ¿Qué comeremos, o qué beberemos, o qué vestiremos? Porque los gentiles buscan todas estas cosas; pero vuestro Padre celestial sabe que tenéis necesidad de todas estas cosas. Mas buscad primeramente el reino de Dios y su justicia, y todas estas cosas os serán añadidas.

Así que, no os afanéis por el día de mañana, porque el día de mañana traerá su afán. Basta a cada día su propio mal.

(Mateo 6:25-34)

No tengo que definir la *ansiedad* porque es muy probable que la conozcas mejor de lo que quisieras. La ansiedad es lo que nos ocurre cuando intentamos vivir en el futuro, cuando intentamos sustituir las limitaciones cronológicas e insertarnos en otro lugar o tiempo.

Como dice el viejo chiste: "Tú empieza a preocuparte, que ya encontrarás más detalles después".

Nos entregamos a la preocupación cuando nos vemos ante un momento que no nos corresponde enfrentar aún. Por eso la fe es tan importante; es el antídoto para la preocupación. Si la fe es la certeza de lo que se espera, entonces la preocupación es la certeza de lo que tememos. La fe es poder. La preocupación es antipoder. La fe trae claridad. La preocupación produce confusión. La fe engendra acción. La preocupación crea inacción. La fe nos da ojos para el momento. La preocupación nos ciega al sagrado ahora.

El momento en el que estás es demasiado importante como para ignorarlo, porque todo ocurre en el Ahora eterno. Y por eso Jesús nos dice que no nos afanemos ni nos preocupemos. Entrégale esos afanes a Aquel que cuida de ti. No está diciendo que los afanes no sean importantes. Lo que comemos, dónde vamos, lo que hacemos, a quién amamos; estas cosas son demasiado importantes como para ignorarlas, y tienen un peso demasiado pesado para que tú lo lleves. El Padre se deleita en cada detalle de tu vida, y no solo de tu vida: incluso la vida de la hierba "que hoy está viva y mañana es arrojada al horno", no escapará de su vista o de su cuidado.

El único modo de ver la verdadera forma de este momento, el cual está envuelto en la realidad final del reino de Dios, es buscarlo como a un hijo querido:

De cierto os digo, que si no os volvéis y os hacéis como niños, no entraréis en el reino de los cielos. (Mateo 18:3)

Y,

Dejad a los niños venir a mí, y no se lo impidáis; porque de los tales es el reino de Dios. (Lucas 18:16)

Es aquí donde deberíamos resaltar tres cualidades de los niños. *Primero, esperan encontrar lo que buscan o piden.* La audacia de mis hijos me sorprende. Su fe en mí como un padre recto a veces me asusta. Ya sea que me estén animando a saltar del tejado y volar, o hacerles a todos comidas distintas en diez minutos, ellos esperan resultados, y me encanta (salvo cuando no).

Segundo, saben que el mundo es mayor de lo que han visto. Piensa cuando eras un niño, recupera esos recuerdos de aventuras que solías tener en la calle o en tu cuarto. Había una expectativa sobreentendida de que lo que imaginabas, y esa persona, lugar o cosa, podía llegar a ser real. Y la aventura cobraba vida cuando lo "imposible" se hacía posible. No buscabas un pequeño espacio que conquistar. La verdad de la vida no era algo que sistematizabas y controlabas, sino algo en lo que te adentrabas mediante el juego, el dolor y la alegría. En algún momento, todos pasamos de ser exploradores a ser controladores, cambiando el misterio por la miseria. La realidad suprema del reino, sin embargo, exige que soltemos lo que podemos alcanzar, permitiéndonos ser alcanzados por lo que parece mayor que nosotros, pero al mismo tiempo, de algún modo, es más como nosotros somos.

Tercero, intiman con el momento presente. Creo que este atributo sirve para explicar por qué los niños son tan resistentes. Pueden con todo lo que la vida les arroje porque los niños se toman la vida momento a momento. Si somos honestos con respecto a nuestra vida, las cosas pocas veces son tan horribles como pensábamos que serían. Sin embargo, ¿cuánta energía se pierde preocupándonos por retos que todavía no tenemos que enfrentar? ¿Cómo cambiaría tu vida si tan solo usaras la energía de hoy para enfrentar los afanes de hoy? Si soy honesto, el día me supera solo cuando traigo otros días y los mezclo con el de hoy.

En un sentido, es difícil creer que lo que escribo es cierto, pero sabemos que es así.

Otra buena pregunta para hacernos es esta: ¿alguna vez me ha ayudado la preocupación o la ansiedad a conseguir lo que quería o necesitaba? Por supuesto, hay beneficios redentores en fallar y aprender de nuestros errores, pero para nuestros fines, evaluemos solo la eficacia de la preocupación en sí misma.

Durante el transcurso de unos pocos años yo, siendo conservador en el cálculo, habré cambiado más de mil horas de sueño por preocupación y ansiedad nocturna. Puedo decir sinceramente que el cambio fue totalmente ineficaz, salvo para enseñarme cuán inútil es la preocupación. Cuando me levantaba de la cama, cientos de preocupaciones, tanto inminentes como distantes, se habían cruzado por mi mente, así que me sentía como si ya hubiera navegado un día o dos o diez, y ya tuviera poca fuerza para navegar por los afanes y desafíos reales que inevitablemente encontraré durante el día.

Justificaba mi estupidez escuchando la voz que constantemente me decía que debía esforzarme más y hacer más, o de lo contrario nunca sería alguien y mi futuro se vendría abajo. Esta mentira se convirtió en una fortaleza en mi vida, y no podía ver otra verdad más allá de sus paredes. Las personas me decían que confiara en Dios y echara mi ansiedad sobre Él, pero yo no sabía realmente lo que significaba eso. Nunca lo habría expresado así, pero imagino que solo creía que eso era algo lindo a lo que las personas que no tenían responsabilidades fuertes podían aferrarse; era mi orgullo justificado por la creencia de que yo sufría por las personas que dependían de mí... y por Dios.

En el Salmo 127 se nos dice que Dios —y no nosotros— es el maestro constructor de nuestra vida. Cuando se nos olvida esta verdad, cambiamos el trabajo significativo por un vano esfuerzo. Según Salomón, el autor del salmo: *Por demás es que os levantéis de madrugada, y vayáis tarde a reposar, y que comáis pan de dolores.*[4] Observemos que la ansiedad sí ofrece un tipo de alimento ("pan de dolores"). En otras palabras, de una forma torcida, la ansiedad nos alimenta y nos mata de hambre. Alimenta la mentira de que somos autosuficientes, mientras nos priva del alimento de una satisfacción consagrada. Si queremos probar el maná diario, el pan celestial del Padre (una palabra hebrea que literalmente significa "¿qué es esto?"), debemos soltar la ansiedad que viene con estar en control, porque todo el sufrimiento está causado por un deseo no suplido de control.

El Padre tiene su manera de no librarnos de algo cuando sabe que eso finalmente nos llevará a Él. Él es paciente en y con nuestro dolor, dispuesto a sufrir a nuestro lado por el gozo que viene más adelante. Porque ¿qué buen padre no comparte el dolor de su hijo? El misterio de Emanuel, Dios con nosotros, fue dado a conocer a través de la vida del Hijo, y su Espíritu obra en nosotros para hacernos más conscientes de la cercanía de Dios. Una vez oí que describían las Escrituras como una progresión de nuestra capacidad de comprender la unión de Dios con nosotros. En el Antiguo Testamento a Dios se le conocía como Aquel que estaba *por* su pueblo; peleaba por ellos, pero, aparentemente, se mantenía a un brazo de distancia.

Dios por nosotros.

Y después Jesús entró en escena. Encarnándose, Dios se parecía mucho a nosotros. Anduvo por nuestros caminos, comió nuestra comida, vertió nuestras lágrimas, vertió nuestra sangre. El Dios trascendente se convirtió en una presencia inminente, la santidad de su presencia se une a cada persona y espacio. En verdad, nada estaba fuera de los límites para Jesús: pecador y saduceo, templo y tumba, opresor y oprimido. Jesús era la evidencia de la bella y aterradora verdad de que Dios está con nosotros, dispuesto a ir donde se le dé la bienvenida.

Dios con nosotros. Sin embargo, la revelación de Dios de la individualidad no se quedó en un mero ejemplo, sino que el Espíritu se movió en nuestra misma naturaleza, redefiniendo cualquier idea de templo, adoración y familia; rompiendo las divisiones entre lo secular y lo sagrado, que crean la ilusión de que hay partes de nuestra vida o nuestro trabajo que están fuera de los límites para Dios o más allá de su cuidado. Si Jesús se hubiera quedado entre nosotros, no habríamos madurado hasta ser conscientes de que Dios está con nosotros. *Os conviene que yo me vaya.* Ante su ausencia, nos vemos obligados a buscar por qué y cómo cada una de nuestras inhalaciones y exhalaciones están vinculadas a la respiración eterna de Dios.

Dios en nosotros. La libertad de la tiranía del tiempo se encuentra solo en el presente. Cuando somos esclavos del pasado, nos supera el lamento. Cuando somos esclavos del futuro, estamos minados por la ansiedad. La razón de esto es sencilla. Separados de la guía del Espíritu no somos capaces de actuar simultáneamente en el pasado, presente y futuro. Dios es el único que habita en la eternidad, el que era, y es y será. Nosotros, por el contrario, estamos llamados a ser fieles con el día, con este momento, liberando nuestro pasado a Dios mientras confiamos en Él para nuestro futuro. Cuando dejamos que nuestra mente vague ausentándose del presente, es como si comiéramos del árbol del conocimiento del bien y del mal, y nuestra vida se rompe. Nuestros intentos por vivir fuera del presente son un intento de sortear a Dios y sus caminos. Es idolatría. Y siempre que nos entregamos a la idolatría (esa idea de que podemos fabricar de alguna manera nuestro propio sentimiento de divinidad) al margen de que nuestro dios sea interno o externo, eso desmorona nuestra vida. Pero aquí está la maravillosa verdad invertida: cuando somos fieles (llenos de fe) con el día, la Voz nos ofrece entendimiento que nos lleva a presagiar. A través de la fe participamos en el Ahora eterno. No es una mirada al futuro, sino una mirada al presente eterno.

*Pelea la buena batalla de la fe, echa mano de la **vida eterna**,*
a la cual asimismo fuiste llamado.

(1 Timoteo 6:12, énfasis del autor)

Observemos que fe no es la capacidad sobrenatural para escapar del presente. A menudo oigo que se describe la fe como el poder para conformar el mundo a nuestro propio agrado, una manera en la que podemos dirigir el mundo material hacia lo que percibimos como más alto y mejor, aliviándonos de la responsabilidad del reino que tenemos justo delante de nosotros; sin embargo, la fe no es escapar del momento presente, sino zambullirse en el corazón de un momento para poder ver ese momento como verdaderamente es. En ese lugar de confianza radical, nos volvemos inconmovibles. Es una confianza que crece a medida que creemos que no hay ningún momento que sea demasiado oscuro ni montaña que sea demasiado alta, y que la presencia de Dios no será contenida. Es solo cuando creemos que alguna dificultad o persona puede separarnos de la presencia de Dios, cuando perdemos el contacto con la Verdad.

La fe que mueve montañas es el punto de partida para un punto de vista distinto, para una nueva perspectiva del "conocimiento". Es la fe que vemos en las Escrituras, el poder nativo de la voluntad y la realidad de Dios. Al margen de qué o quién se interponga en nuestro camino, Dios puede remodelar el momento, pero solo si somos honestos con el momento. Solo si el momento tiene toda nuestra atención, porque eso es la fe: la absoluta atención a lo que es más real y rehusar rendirse hasta que tal conocimiento cubra la tierra como las aguas cubren el mar.

Por lo tanto, en esencia, vemos el pasado y el futuro *a través* del día, en lugar de alrededor del día. Así es como aprendemos de nuestro pasado y planeamos para nuestro futuro sin caer en el lamento o la ansiedad. A Dios le encanta redimir lo que era y prepararnos para lo que será. Él no intenta ponernos anteojeras o impedirnos ser personas de visión. Necesitamos esperanza, que es visión, para prosperar en la vida. Nos volvemos visionarios, pero no escapando del momento, sino estando radicalmente presentes en ese momento.

Cuando siento la tentación de rodear el día, simplemente oro: *Padre, cuando enfrente ese momento, independientemente del momento que sea, te pido que me des la sabiduría para saber qué hacer y la gracia para hacerlo.* Esta oración, aunque sencilla, es eficaz por muchas razones.

En primer lugar, no menosprecia la gravedad de lo que me esté atribulando la mente. No me exige participar en algo que no es verdad; en su lugar, me invita a rendirme a la verdad mayor de que Dios me promete sabiduría y gracia. La sabiduría, para mí, es saber qué hacer. Las personas que actúan en el don de sabiduría ven armonía donde otros solo ven contradicción; las personas sabias se meten en líos solo para emerger como mensajeros de conciliación, uniendo un principio, personas y un proceso de formas que previamente no se podían discernir.

Lo que hace a los sabios ser tan eficaces es su comodidad con la paradoja. Temen a Dios, y por eso rehúsan dar poca importancia a lo que está más allá de ellos. En humildad, encuentran gracia, que es la infusión de lo Divino, para ver, sentir y actuar más allá de sus limitaciones. Se podría decir que armonizan con una sabiduría mayor que integra su experiencia de vida, el problema que tienen delante, y una consciencia universal que es la mente de Cristo. Esta es la sabiduría de los Santos y místicos, los que luchan contra los intentos del mundo de reducir todo a dualidades y violencia. Tal sabiduría no está reservada solo para dirigir las naciones o dirigir compañías, sino que está presente en las interacciones más triviales, los detalles de la vida cotidiana, porque lo que a menudo catalogamos de común y corriente, es lo más vital para el desarrollo humano.

En segundo lugar, esta pequeña oración ahuyenta las preocupaciones haciendo que regresen a su debido lugar y tiempo. Las preocupaciones que tienden a vagar cronológicamente tienen un modo de adoptar formas monstruosas, y la única manera de exponer lo que realmente son es hacerles frente cuando llegue el momento designado. Todos sabemos que la idea de algo, por lo general, es más aterradora que ese algo en sí mismo. Esta verdad es tan universal, que ni siquiera tengo que dar ninguna anécdota, porque sabes que es verdad. Pero, aun así, en nuestro intento de controlar, intentamos hacer más de lo que es necesario para el día, y nuestra vida comienza a estremecerse y temblar, y a sentir que nuestros pies se cansan más debido al peso de nuestros ídolos.

Con demasiada frecuencia apegamos nuestra paz al resultado de algún evento: una decisión, un matrimonio, un hijo, un diagnóstico, y la lista continúa. Pero la vida nos enseña una y otra vez que siempre hay algo más allá de ese algo: otra montaña que escalar, otro valle que cruzar, otro mar que forjar. Thomas M. Sterner escribe:

> Casi siempre existe el sentimiento de que algo tiene que cambiar en nuestra vida para que todo lo demás esté bien. Sin importar lo que logremos o adquiramos, este sentimiento se las arregla para contaminar lo que estamos experimentando ahora.[5]

Sterner nos desafía a hacernos una sencilla pregunta: "¿Y después qué?". Así que te gradúas de la universidad... ¿y después qué? Te casas... ¿y después qué? Tienes hijos... ¿y después qué? Consigues ese trabajo... ¿y después qué? Empiezas tu propia empresa... ¿y después qué? Fracasas... ¿y después qué?

Muchos sentimos que lo que hacemos nos define, así que es natural obsesionarnos con lo que haremos cuando se produzca *ese evento*; pero la vida es más que una serie de cosas que hacer. Como hijos de Dios, lo que hacemos es importante, pero solo mientras eso nos prepare para lo que hay detrás de la tarea. La tarea misma no es la meta; la meta es lo que se fragua en nosotros a través de esa tarea. La mayoría de lo que edificamos con nuestras manos desaparecerá, pero nuestra formación tiene un valor eterno, creando un fundamento para una dimensión diferente de trabajo y mayordomía en la era venidera.

Para cerrar este capítulo, quiero dejarte con otra oración práctica, algo que uso para involucrarme en el momento que estoy viviendo. Principalmente, uso esta oración durante mi rutina de la mañana, para preparar mi corazón para un tiempo de *lectio divina*, un término de la tradición benedictina que significa una lectura contemplativa de las Escrituras. Este estilo de lectura no es un intento de dominar o someter el texto a las metas deseadas o las necesidades que uno tenga para ese momento, sino más bien es entregarse al texto, permitir que la Escritura nos lea.

Esta oración es sencilla pero robusta, consistente en dos palabras que forman tres caminos para que mi alma se rinda a ellos.

Estoy aquí.

El primer camino es una rendición del lugar. Como yo no soy Dios, no soy omnipresente. Como estoy *aquí*, no puedo estar allá, al margen de lo que sea ese allá: una llamada telefónica, un mensaje, una reunión, un proyecto. Aquí es donde estoy, y me rindo a este espacio. No se puede estar en dos lugares a la vez, y todos sabemos lo malos que somos con la multitarea, por mucho que intentemos convencernos de lo contrario.

Estoy aquí.

El segundo camino es una rendición del tiempo. Como yo no soy Dios, estoy atado por las restricciones del tiempo. Para mí, esta oración es rendir donde pienso que debería estar. Cuando mi alma está guiada por mis inseguridades, difícilmente llego a sentir que soy lo que debería ser como hijo, padre, hermano, escritor, líder, amigo, o lo que sea. Cuando oro diciendo *estoy aquí*, es un desafío a darle gracias a Dios por la obra buena y paciente que ha hecho en mí, a la vez que muero a mis ideas de dónde debería estar. No hay nada malo con ser crítico con nuestro progreso, pero ciertamente hay una manera y un método correcto a seguir.

Estoy aquí.

El tercer camino es una rendición de la realidad. El gran YO SOY está verdaderamente aquí conmigo, en este momento. Se habla mucho sobre la consciencia del yo, pero la verdadera consciencia del yo solo va después de la consciencia de Dios. Cuando no estamos asidos por la santidad de Dios y la realidad de que somos sus hijos, Santos del Santo, nuestra consciencia se ve dificultada en el mejor de los casos, y totalmente distorsionada en el peor de los casos. Solo en la luz de la rendición encontramos ojos para ver a Aquel que no puede ser visto. En otras palabras, no podemos sistematizar un camino de iluminación, ya que ¿cómo asimos lo que solo puede asirnos a nosotros? Más bien, debemos vagar hacia su dignidad, confiando en que el arrepentimiento, que es nada más y nada menos que un reconocimiento de la ceguera, nos llevará a la capacidad de ver, saber y obedecer.

Podemos estar aquí.

Pablo escribió en una ocasión a los Santos en Filipo: "Que todo el mundo vea que son considerados en todo lo que hacen. Recuerden que el Señor vuelve pronto. No se preocupen por nada".[6] Para Pablo, la única forma en que uno podría ser considerado (también traducido como "gentileza") en esta vida es viviendo en la realidad de que *el Señor está cerca.*

La palabra *cerca* expresa dos verdades importantes: primero, que la persona está cerca; segundo, que la persona es capaz de hacer algo con respecto a tu situación. Pablo puede escribir que "el Señor vuelve pronto" solo si se dan ambas condiciones.

Cuando somos personas del presente, podemos participar en la realidad de la presencia de Dios. El Señor está cerca con nosotros y en nosotros según viajamos por cada momento. La vida no es algo que tan solo superamos, a la vez que nos aseguramos de orar de la manera correcta y no nos portamos demasiado mal, todo con el propósito de llegar al cielo cuando muramos.

La vida es algo en lo que podemos participar ahora y en la que vivir para siempre. Solo entonces nos convertimos en el tipo de personas, en este tiempo presente, que el mundo necesita. Los Santos que vemos en Hebreos 11 estaban profundamente presentes y en sintonía con lo que Dios estaba haciendo porque podían ver lo invisible. Debido a su fe, no huían de la tensión existente entre *lo que es* y *lo que debería ser*. No se escondían de la disonancia que les rodeaba. Veían tanto una ciudad celestial como su ubicación terrenal, rehusando soltar alguna de estas dos realidades mientras que sometían la realidad menor a la mayor. Esa demostración radical les hacía ser tanto las personas que el mundo no era digno de tener y exactamente lo que el mundo necesitaba. Interrumpían, para bien, una cadena de eventos que preparaban el escenario para la expresión perfecta de la verdadera naturaleza y propósito de Dios: Jesús.

Nuestra alma está inquieta hasta que encuentra su descanso en Dios.[7] Siempre hay algo más. Algún otro. Algo que falta. Alguna oportunidad. Algún afán. Y eso no es algo malo. En esta era somos fortalecidos mediante la debilidad, perfeccionados mediante la imperfección, completos mediante el quebranto, arraigados mediante las tormentas. No creas la mentira de que la oración debería librarte de este momento; Dios pretende que la oración te libre *mediante* este momento. Cuando llegue el milagro —y llegará—, porque todo lo que ahora es "imposible" tiene una fecha de caducidad, ¿tendrás ojos para ver tu liberación? ¿Conocerás la naturaleza de tu libertador? ¿Encontrarás tu descanso en Dios?

El gran YO SOY está aquí. Él siempre ha estado y siempre estará.

Oh Dios, danos ojos para ver que, incluso ahora, estamos viviendo en una oración respondida.

9

¿CÓMO DEBERÍAMOS PEDIR?

Pero no tenéis lo que deseáis, porque no pedís.
—Santiago 4:2

"Dios desea darse por completo a toda
criatura que pronuncie su nombre".
Jeanne Guyon, *Experiencing the Depths of Jesus Christ*
(Experimentando la profundidad de Jesucristo)

¿Por qué tenemos que orar a un Dios que es todopoderoso y omnisciente? Si se tiene que hacer algo de cualquier índole, ¿no se ocupará de ello el buen Padre, al margen de que se lo pidamos o no?

Antes de que me devuelvas algún cliché cristiano, medita en estas preguntas, personalizando tanto las preguntas como las respuestas.

Incluso Jesús nos dijo que nuestras oraciones fueran cortas, porque el Padre sabe lo que necesitamos antes de que se lo pidamos.[1] Si el Padre sin duda sabe lo que necesitamos, entonces ¿por qué la Escritura nos anima a pedir pan y a mover montañas?

Una de las paradojas del reino de nuestro Padre es que nos invita a pedir incansablemente *lo que necesitemos* mientras aprendemos a contentarnos *con lo que tenemos.*

Si seguimos el Padre Nuestro, nosotros, según las propias palabras de Jesús, le pedimos al Padre lo que Él ya sabe que necesitamos. A veces me pregunto si alguna otra persona ha lidiado con esta paradoja. Preferiría que fuera de una de las dos formas: o bien darme lo que pido concretamente en oración, o concederme la libertad de orar diciendo: *Hágase tu voluntad.* Pero, si somos honestos con el ejemplo de Jesús, sabemos que no tenemos el lujo de escoger entre ambas. Debemos, de nuevo, aceptar la tensión del pensamiento no dual. Como Jesús modeló en el huerto, con sangre brotando de los poros de su piel, debemos ser *específicos* ("pase de mí esta copa"), *rendirnos* ("no se haga mi voluntad"), y ser *firmes* (Él oró con estas palabras tres veces).

De hecho, cualquier gran oración se caracteriza por ser específica, rendida y firme. Estas tres dimensiones son esenciales y no se pueden pasar por alto.

Sea nuestra oración una petición atrevida o una sencilla rendición, no puede en ningún caso ser algo poco concreto. El Padre puede hacer mucho con una oración imperfecta, pero una oración poco concreta no le hace bien a nadie. Algo importante de llevar nuestras peticiones al Padre es que nos da la oportunidad de entender mejor su naturaleza. En Lucas 11 se nos dice que Dios responde a nuestras peticiones por el honor de su nombre, y nos da incluso más de lo que pedimos.[2] Él es Jehová Jiréh, el Dios que provee, y nuestras peticiones pueden ser de utilidad para abrir nuestros ojos a la realidad de quién es Él.

En mi infancia encontré una iglesia en el internet que disfrutaba pidiéndole cosas a Dios. De hecho, parecía que celebraban y subían a la plataforma a las personas que pedían y recibían cosas de Dios. Estos testimonios de ganancia material (casas, automóviles, aviones, barcos, dinero y cosas así) se usaban para aumentar la fe de la congregación y animarlos a dar más. El espíritu de todo eso nunca me parecía del todo correcto. Parecía que la gente estaba usando versículos seleccionados para conseguir las mejores cosas del mercado, permitiendo su egocentrismo y egoísmo, mientras decían que sus acciones eran santas.

En ese entonces no podía expresarlo como puedo hacerlo ahora, pero lo que me inquietaba era que el énfasis en las ganancias materiales parecía confundir el enfoque de la adoración. Se le daba la gloria a Dios por esas cosas, pero realmente parecía que la gloria estaba en las cosas mismas. Desalentado por lo que vi, dejé de pedirle cosas a Dios, a menos que ese "algo" fuera muy noble o para otra persona. Con el paso del tiempo, sin embargo, observé que gran parte de mi vida de oración se había vuelto poco concreta e impersonal, incluso cuando estaba pidiendo para otros. Era como si mi espíritu estuviera bloqueado, como si me estuviera negando a mí mismo un poder y una perspectiva que solo filtra al llevar peticiones reales y tangibles al Padre.

No lo estaba entendiendo.

Por lo general, una antirespuesta no es la mejor respuesta. El hecho de correr en dirección contraria a una mentira no nos lleva necesariamente a la casa de Verdad del Padre. La pregunta que todos debemos hacernos no es "¿está mal para ellos?", sino más bien "¿qué debo hacer yo?". La religión busca la manera de obsesionarse con los errores de otros, distrayéndonos de la obra interior que se produce solo mediante nuestra conciencia propia y obediencia. Como le dijo Pablo a Timoteo, deberíamos adueñarnos o cuidar de nuestra propia alma; cuando hacemos eso, el Padre se las arregla para confiarnos el alma de otras personas.[3] O como lo dijo Jesús, tu hermano sin duda tiene una paja en el ojo, y todos sabemos lo desagradable que es tener algo en el ojo, pero no puedes servir a tu hermano y quitarle la paja si primero no reconoces tu propia viga, la que te está cegando a lo que no es otra cosa que una proyección de tu propio dolor y decepción.

Cuando estaba aprendiendo a llevar peticiones a Dios de nuevo, porque pienso que la mayoría antes sabíamos cómo pedir y lo hemos olvidado, mi esposa y yo nos mudamos a nuestra primera casa. Estábamos emocionados de tener finalmente un hogar con jardín y esas cosas. Nuestro nuevo espacio era casi el doble de grande que el anterior, y con más metros cuadrados, también el costo era mayor. Usamos casi todo nuestro dinero en efectivo para conseguir esa casa, así que nuestras reservas no eran muy abundantes para decorar la casa. Éramos felizmente pobres en una casa nueva. Juli y yo sabíamos que tendríamos que ser pacientes e intencionales con nuestro gasto y permitir que el cambio despertara nuestra creatividad, esforzándonos por convertir una casa en un hogar especialmente significativo.

Nos mudamos a nuestra casa en Colorado en febrero, y si conoces Colorado, sabrás que no crece nada en febrero. Sin embargo, nuestra casa tenía una pequeña parte con hierba en el jardín, que finalmente tendríamos que podar. Al acercarse la primavera, comencé a pensar en mi podadora. Había algo de verde en la hierba y sabía que había llegado mi tiempo. Pero el terreno de hierba era pequeño, y aún no teníamos un sofá donde sentarnos. Y también estaba el hecho de que habíamos conocido a un vecino que tenía una gran podadora que de seguro me la podría prestar para los cinco minutos que tardaría en podar nuestra pequeña zona con hierba.

Pero realmente quería una podadora. Así que hice un viaje a Lowe's... solo para echar un vistazo.

Por supuesto, las podadoras estaban ahí exhibiendo su poder. Tras recorrer la sección como un león persiguiendo a una gacela, me convencí de que debía lanzarme y comprar una podadora. Claro, Juli probablemente no lo entendería, pero ya encontraría un modo de arreglar las cosas con ella... ¿no es cierto?

Pero entonces me ocurrió algo extraño. De la nada (¡y lo digo en serio!) escuché al Espíritu de Dios decirme: *Pídeme que te dé una podadora*. La Voz era tan clara, que no podía negar que la había escuchado. Además, debo decir también que llevo muy mal que la gente me dé cosas, así que sabía que la idea no era mía. Por lo tanto, respiré hondo y simplemente le pedí a Dios me que diera una podadora. Con los ojos perdidos, mirando atrás lo que podía haber sido mío, me fui de Lowe's un tanto confuso con lo que había sucedido.

En cuestión de días —creo que fueron tres días después— recibí una llamada de un amigo con el que no hablaba desde hacía casi un año. No soy muy bueno respondiendo llamadas, pero por alguna razón sabía que tenía que responder a esa. Hablamos un poco de lo típico, y mi amigo me dijo que él y su familia se iban a mudar pronto a Florida. Entonces, casualmente mencionó que tenía una podadora que no se podía llevar y quería saber si yo la quería.

Me quedé sin habla.

Tras recuperarme, le pregunté por cuánto la vendía. "Por nada", me respondió. Después me dijo que estaba pensando venderla, pero sintió que debía llamarme y ofrecérmela a mí primero. Casi comencé a llorar. Puede que a él todo eso le pareciera un tanto falto de ingenio. Quiero decir, era un gran regalo, pero por la manera en que respondí, a cualquiera le hubiera parecido que me acababan de ofrecer el automóvil o la casa de mis sueños. Para mí, claro está, no era la podadora en sí. La podadora, como cualquier otra cosa, es solo un objeto. Mi emoción surgía del profundo conocimiento de que mi vida nunca volvería a ser la misma. Una faceta del carácter y la fidelidad del Padre se volvió real para mí ese día, y supe, al igual que sabía que me llamaba Addison, que nuestras peticiones y la respuesta de Dios a las mismas son una parte íntima y necesaria de nuestra formación como hijos e hijas.

Justo en el corazón del Padre Nuestro se nos dice que pidamos pan. Mateo y Lucas difieren en su versión de la Oración, pero ambos relatos dejan claro que Dios se interesa por nuestra provisión y nos anima a buscarla de Él.

La idea del pan, claro está, no solo tiene que ver con el pan físico. Incluye todo lo que sostiene la vida que Dios nos ha dado. Es a través de este pan como encontramos la fuerza para participar en la voluntad y el reino de Dios que serán revelados en nuestra vida y nuestro trabajo. ¿Recuerdas la ocasión cuando Jesús les dijo a sus discípulos que Él tenía una comida que ellos no conocían? Estaba hablando del alimento de estar sincronizado con lo más importante, celebrar en la mesa del bendito trabajo del reino. Hay un puro gozo que viene de saber lo que hay que hacer y hacerlo, y Jesús sabía plenamente lo que nosotros solo conocemos en parte.

Para que un niño crezca en estatura tiene que recibir alimento regularmente o, de lo contrario, su crecimiento se verá afectado, su salud comprometida y su capacidad limitada. Cuando se trata de los asuntos del reino, el pan diario es donde el reino adopta la carne. Es la convergencia de lo trascendente y lo inminente, lo sobrenatural y lo natural, lo material y lo místico. Este momento en el Padre Nuestro mina nuestra tendencia a trazar líneas claras alrededor de lo secular y lo sagrado, separándolos para nuestro propio placer y propósitos. Incluso nuestra rutina diaria es sagrada, y parte de la buena obra de Dios. Esta es una verdad que se puede probar en el pan de nuestra sangre, sudor y lágrimas. Un pan que, como los panes y los peces, se multiplica cuando se bendice, se parte y se comparte.

Pedimos el pan diario para saber que estamos viviendo en una oración respondida. Cada día nos rodea lo milagroso, y lo que *nos* ayuda a conectar los puntos es nuestra "petición" rendida. Pedimos para ser conscientes, y solo los que piden son conscientes. Este es el tipo de verdad al que Jesús está llegando cuando dice que los que tienen, recibirán más.[4] En palabras de Tertuliano: "Estamos pidiendo que podamos estar perpetuamente en Cristo y no ser separados de su cuerpo".[5] Él es la vid, y nosotros somos los pámpanos.[6] El fruto de nuestra vida es importante para Él porque es suyo, y nuestra vida abunda en alimento y con él, al darnos cuenta de que la fuente de nuestra vida posee el ganado de mil colinas.

Al comienzo de este capítulo cité las famosas palabras de Santiago: "No tenéis lo que deseáis porque no pedís". Bueno, creo que también se podría decir que *no sabes lo que tienes porque no pides.* ¿Cómo puedes saber que el Padre cuida de tu sostén si no le pides que te alimente?

Hace un mes aproximadamente, estaba hablando con un amigo mío sobre distintos milagros que habíamos visto, milagros vinculados a la idea de pedir pan. Él compartió una historia sobre una vez en la que él y su papá vivían en México, y no tenían nada en el refrigerador ni tampoco dinero para ir a hacer la compra. El plan era irse a la cama con hambre; sin embargo, mi amigo le dijo a su papá que podían orar y pedirle a Dios pizza y Pepsi, y así lo hicieron. Unos minutos después, un vecino llamó a la puerta de su apartamento y les ofreció, ya sabes, pizza y Pepsi.

Me doy cuenta de que Dios no siempre provee como esperamos que lo haga. Un milagro es lo que ocurre cuando un resultado supera nuestras expectativas, y Dios tiende a moverse más despacio de lo que nos gustaría que lo hiciera.

Sin embargo, el Padre no se desalienta con nuestras peticiones. De hecho, se nos dice que nos acerquemos al trono de la gracia confiadamente. La palabra que Jesús usa para pedir en oración, *aiteo*, comunica osadía o temeridad. Incluso a veces se traduce como "demanda". Se nos manda pedir esperando una respuesta. Ahora bien, puede que la respuesta no sea exactamente lo que esperábamos. Las Escrituras nos dicen que el Padre se guarda el derecho a rehusar y no nos dará piedras, escorpiones y serpientes.[7] Hay veces, en nuestro limitado entendimiento, que pensamos que estamos pidiendo pan o peces (algo que nos alimenta y nutre) pero realmente estamos pidiendo piedras y serpientes (cosas que nos desgastan y destruyen). Pero esto es lo que pasa: a menudo, a través de pedir lo erróneo aprendemos a distinguir entre piedras y pan, peces y serpientes. Para los persistentes, los que llevan constantemente sus peticiones a Dios, la tensión de recibir lo incorrecto es formativa para su capacidad de recibir lo correcto.

Aprendemos a pedir correctamente solo a través de pedir... ¿y podemos incluso evaluar lo que no hemos aprendido a pedir?

En casi todo hacemos un buen trabajo animando a los niños a ser inquisitivos durante los primeros años, y esto es una parte importante de su rápido crecimiento; sin embargo, en algún momento, quizá porque estamos molestos, cansados, o sencillamente nos faltan respuestas suficientes, comenzamos a desalentar sus preguntas. Frases como "Porque yo lo digo", "Así es como funcionan las cosas", o "¡No!" se convierten en respuestas por defecto, y al final los niños buscan otras fuentes para encontrar respuestas o dejan de preguntar, ya que perciben el asunto de preguntar como una señal de su ignorancia, una luz parpadeante que le informa al mundo que nos hemos topado con un lento.

En la cultura judía, la capacidad de hacer buenas preguntas es una señal de madurez. De hecho, la principal responsabilidad de los padres es enseñar a sus hijos a hacer preguntas, a inquirir en lo incierto.[8] Haciendo peticiones y preguntas nos aventuramos a la conectividad de todas las cosas, un elemento de la realidad del reino de Dios. Es algo que asusta, pero es bueno y necesario para nosotros luchar con lo que finalmente es verdad.

Como preguntar es arriesgado, muchos preferimos la seguridad de no exponernos, de no saber qué hay al otro lado de una petición. Con muy poca tolerancia al rechazo nos encogemos, esperando que todo lo que necesitamos esté contenido en nuestra propia suficiencia. Pero esto es lo que pasa: la autosuficiencia es una ilusión, porque la Oración nos dice que debemos pedir incluso algo tan sencillo como el pan. No hay nada que tengamos que el Padre no nos lo haya dado, y cuanto antes nos dispongamos a pedir, antes nos damos cuenta de ello.

La petición, sin embargo, no es acerca de nosotros, nuestras necesidades, deseos y suficiencia (o falta de la misma). Se nos dice que pidamos para los demás. El pan *nuestro* de cada día, *dánoslo* hoy. De nuevo, se nos confronta con el poder integrativo de la oración. Nuestras peticiones representan mucho más que nuestro yo individual.

Cuando llevamos nuestras peticiones al Padre, Jesús nos dice que permitamos que el primer movimiento de la Oración nos restaure al asombro. Cualquier petición de nuestro pan cotidiano está seguida por una meditación en el carácter, la presencia y el propósito de Dios. Cuando no seguimos la secuencia en la Oración, nos vemos tentados a creer la mentira de que el mundo y sus problemas son más reales y mayores que nuestro Padre en los cielos. Tomar tiempo para pensar en el dominio de Dios, por así decirlo, nos prepara para regresar al nuestro. Pero al regresar al mundo material, observamos que oramos en compañía de los Santos, una revelación que incentiva y agranda nuestras peticiones.

Como dice N. T. Wright: "El peligro de la oración pidiendo el pan es que llegamos ahí demasiado pronto".[9] Si lo piensas, la mayoría de las personas comienzan una oración con algo que encontrarías por la mitad o al final del Padre Nuestro: líbrame de esta dificultad, dame venganza, dame lo que necesito. No estoy desacreditando esas oraciones. A fin de cuentas, cualquier petición genuina e imperfecta tiene su forma de arrancar un proceso perfecto en nuestra vida. Pero la oración tiene mucho más sentido cuando reconocemos el dominio y la autoridad de Aquel a quien estamos orando. Si Dios es, sin duda, nuestro Padre y su naturaleza desbanca cualquier distinción de tiempo o lugar, entonces sabemos que puede participar —y lo hará— en nuestras necesidades reales, alimentándonos como lo hace con las aves.

Pero ¿qué hay de las oraciones que no reciben respuesta? ¿Y los que carecen del pan de cada día? Estas preguntas no son fáciles de responder, ni tampoco puede haber una respuesta que capte toda la verdad.

Aun así, responderé que debemos recordar que toda esta vida, cuando la comparamos con la eternidad, es un vapor. Atados por el tiempo, nuestras luchas en esta vida nos pueden parecer injustas y finales; sin embargo, se nos dice que nuestras oraciones tocan el cielo y la tierra. Hay una resonancia entre las dimensiones, aunque el tiempo y el espacio nos impidan verlo. A veces la resonancia es clara y visible para nosotros, como la pizza y la Pepsi, pero habrá muchas peticiones cuya naturaleza (y respuesta) se conocerá solo en la consciencia de la eternidad. Creo que, mediante la comunión con el Espíritu eterno de Dios, podemos recibir respuestas en el corazón que no siempre se pueden expresar con la boca, una razón por la que orar con el corazón es una parte importante de nuestra vida de oración.

Sin embargo, el Padre promete que nuestras peticiones hacen su trabajo, incluso cuando no hay una manifestación visible. Por eso debemos seguir pidiendo y peleando. El cielo y la tierra se conectan con nuestras oraciones. Jesús nos lo dice. Moisés quería entrar a la Tierra Prometida, pero se le negó la entrada; sin embargo, lo vemos 1300 años después de pie en la Tierra Prometida con el Hijo, transfigurado en gloria.

Cuando oré por Iván para que fuera sanado del cáncer, creí que sería sanado. Pedí que tuviera diez años más, pero no los tuvo;

sin embargo, el Espíritu me ha mostrado cosas acerca de Iván y de su vida que trascienden al tiempo. Dios obró a través de la vida de Iván para impactar muchas vidas, y sigue haciéndolo a través de su familia, amigos, mi familia, e incluso este libro.

También añadiría que nosotros, como hijos de nuestro Padre, tenemos la responsabilidad de ofrecernos alimento unos a otros. Dios quiere que participemos del alegre trabajo de su reino, el cual incluye cuidar de los demás. El partimiento el pan y compartir lo que tenían era una parte central de la identidad y eficacia de la iglesia primitiva.

Hacia el final de su vida, el rey David escribió que nunca había visto a un justo olvidado o a sus hijos mendigando pan.[10] Continúa diciendo que los justos son generosos con lo que tienen. Otra manera de decirlo es que viven bajo la bandera de "el pan nuestro". Cuando los justos entienden que todo le pertenece al Padre, no solo su "diezmo", abren sus *ojos* a lo que la mayordomía requiere de ellos.

Llevar nuestras peticiones al Padre es otra forma de decir sí tanto a Él como a su proceso.

La oración es mucho más que una transacción; es un viaje transformador al corazón del Padre. Hay mucho que el Padre quiere darnos mediante la oración, pero Él no es Santa Claus, dejando regalos a los nombres que no entraron en la lista de niños que se portaron mal. El regalo es Él mismo, no algo que Él o alguna criatura mágica creó en un taller lejano. Con cada petición se entremezclan nuevos hilos en el tapiz de nuestra transformación, y estos hilos, aunque aparentemente son insignificantes por un tiempo, captan cada momento de dolor y anhelo, para que nada se malgaste o se olvide. Cuando llegue el momento —y llegará— recibiremos nuestra petición como parte de nosotros mismos, un punto de conexión íntima entre la naturaleza del Padre y la nuestra.

¿Alguna vez has visto la película *Evan Almighty* (*Todopoderoso 2*) con Steve Carell y Morgan Freeman? La película en sí quizá solo vale la pena verla una vez, pero me encanta cómo una oración específica recibe su respuesta a medida que la película se desarrolla. Hacia el final de la película, la mamá, cuya familia claramente se está desmoronando, ora para que su familia se una. Espera, como a todos nos pasa a veces, que Dios simplemente les dé las mariposas en el estómago y sentimientos de afecto los unos por los otros. Lo que no entiende es que, si Dios hiciera eso, estaría imponiendo su voluntad en ellos, negándoles la oportunidad de escoger lo mejor.

En lugar de tener un acercamiento, la familia se rompe por completo; sin embargo, en la ruptura, la vieja y rota dinámica familiar muere y surge en su lugar una nueva familia, por decirlo así. Las viejas singularidades aún están ahí, pero la familia está cimentada en un propósito y conexión que crean espacio para las idiosincrasias y diferencias que previamente los habían separado.

A menudo pensamos que nuestras peticiones allanarán el terreno de nuestra vida, llevándonos a una existencia más predecible, cómoda o manejable. Pero la oración no funciona así. Según aprendemos a orar, la vida tiene su modo de ser más bellamente peligrosa. Vemos más. Sentimos más. Oímos más. Participamos más. La ostensible comodidad que viene al vivir dentro de nuestro pequeño sentido del yo, se ve como la neurosis que es. No me malentiendas, Dios nos tiene en su mano y promete una seguridad inconmovible, pero esta seguridad no debe ser el meticuloso trabajo de nuestros propios diseños (u oraciones). La seguridad se encuentra en saber que, dondequiera que nos lleven nuestras peticiones, Dios también estará ahí, sosteniéndonos de la mano.

La seguridad está en la rendición.

La seguridad *es* rendición.

Cada petición conduce a una aventura.

Lleva tus peticiones concretas al Padre. Son importantes para Él; una petición es algo sagrado. Pero ora cada una de ellas entregándolas al Padre. Cuando confiamos cada petición al Padre, poniéndola en sus manos de amor, ya no nos desgasta la carga de ese pedido y podemos ver lo que hay al otro lado de cada petición, porque eso que pedimos en sí no es lo último. Siempre habrá otra petición.

En cada momento, una petición o dos pueden dominar nuestra conciencia, impidiéndonos ver todo lo que hay más allá de su cumplimiento. Cuando tenemos hambre, es difícil pensar en algo mejor que nuestra próxima comida; sin embargo, cuando saciamos el hambre, hay un mundo de necesidades y deseos que hacen fila para conseguir nuestra atención. Cuando tenemos hambre y sed de justicia, nos alimentamos del pan celestial, un pan que sostienen nuestra lucha por necesidades y deseos temporales. Lo temporal no es impío, porque incluso eso, de cierta forma, pertenece a lo eterno. Nuestros anhelos nos preparan para el amor y la sanidad (*shalom*) de la era venidera. Pero cuando permitimos que la necesidad temporal, un problema que seguro tiene una fecha de caducidad, nos ciegue a la permanencia de la naturaleza y la promesa de Dios, perdemos la perspectiva que necesitamos para pedir con claridad y confianza, sabiendo que la presente desconexión, sea cual sea, nos prepara para la gloria perpetua.

La oración es tan poderosa, que Dios debe guardarse el derecho a conceder ciertas peticiones dentro de nuestra línea del tiempo deseada; sin embargo, en el momento en que una oración sale de nuestros labios, comienza su trabajo. No hay oración que no sea oída, pero por nuestro bien hay oraciones que deben quedarse sin respuesta; sin embargo, ninguna oración, ni siquiera las "malas", carece de propósito. Incluso un paso erróneo es mejor que no dar un paso, y la verdad es que cada paso finito, a la luz de la sabiduría infinita de Dios, es un paso casi perfecto. Por lo tanto, corre al Padre, o huye de Él si tienes que hacerlo, pero, por favor, no te quedes callado. Dios sabe cómo guiar a las personas que mueven los pies.

10

CONFESIÓN, PECADO Y CONCIENCIA

Examíname, oh Dios, y conoce mi corazón; Pruébame y conoce
mis pensamientos; Y ve si hay en mí camino de
perversidad, Y guíame en el camino eterno.
—Salmos 139:23-24

"Si entendemos que en una relación con Dios es el hombre
quien se equivoca siempre, nuestro error se puede corregir".
Paul Tillich, *The New Being (El nuevo ser)*

Cuando tenía unos ocho años, mi hijo Asher comenzó a confesarme sus pecados. Casi cada día me solicitaba una audiencia privada, un tiempo en el que Asher podía compartir sus fechorías del día. Esto solía ocurrir casi siempre justo antes de irse a la cama, cuando su mente catalogaba los eventos del día y escogía los que podían convertirse en ladrones del sueño. Cuando alguna acción le parecía especialmente pesada o cruel, no esperaba hasta la hora de acostarse, sino que me acorralaba en cuanto llegaba a casa del trabajo.

Conversábamos sobre lo que él había hecho, por qué lo había hecho, y trabajábamos en lo que estaba sintiendo en ese momento. Asher tenía (y tiene) un fuerte sentido del deber y una brújula moral que raya la rigidez, así que yo pasaba la mayor parte de nuestras sesiones afirmando su deseo de hacer lo correcto, a la vez que sacaba a la luz y confrontaba la trampa de la vergüenza. Conversábamos, a veces orábamos juntos, y así acababa todo.

En ese entonces, la hora de irse a la cama en nuestra casa requería respirar hondo. Teníamos tres hijos en un cuarto y un recién nacido en otro. Juli hizo un buen trabajo enseñando a dormir a nuestros hijos cuando eran pequeños, pero yo estropeé la rutina a medida que fueron creciendo. No podía negarles un último beso, un vaso de agua, una canción o un libro. Finalmente, mis hijos averiguaron que podían retrasar la hora de acostarse, y se hicieron notablemente buenos ideando cosas que eran una absoluta necesidad justo antes de apagar la luz.

Hubo una noche en particular durante ese periodo, cuando la hora de acostarse se convirtió en algo especialmente difícil y agotador. Pero prevalecí y la casa estaba en silencio, lo cual significaba que Juli y yo nos disponíamos a pasar una noche tranquila juntos; sin embargo, mientras yo salía del cuarto, el Espíritu Santo me impulsó a sacar a Asher de la cama y leer con él un ratito. "Apártate de mí, Satanás", fue mi primera respuesta; no estaba por la labor de interrumpir la paz por la que tanto me había esforzado. Pero ese impulso no me dejaba.

Tras una pequeña demora, una demora que esperaba que le diera a Asher más tiempo para dormirse, me asomé despacio a su cuarto para ver si aún estaba despierto. Efectivamente, lo estaba, así que de manera furtiva saqué a Asher del cuarto sin despertar a los otros dos niños, un milagro en sí mismo.

Asher estaba encantado y sorprendido de que lo sacara del cuarto. Todavía procesándolo todo, lo llevé al sofá, con un libro en la mano. Pero antes de que una sola palabra saliera de mis labios, Asher dijo: "Papá, ¿puedo decirte algo?".

Dejé el libro a un lado.

"Claro", respondí.

"Hoy he dicho algunas malas palabras".

"¿De veras? ¿Cómo cuáles?".

"*Estúpido*".

"¿Llamaste estúpido a alguien?".

"No, solo dije la palabra".

"No pasa nada, Asher. Las palabras son solo sonidos. Lo que importa es lo que quieres decir o comunicar a otros. ¿Lo entiendes?".

Asher miraba como si el peso de todo el mundo ya no estuviera sobre sus hombros.

"Gracias, papá. También dije…".

No me podía creer lo que vino después. Mi hijo soltó la serie más colorida de expresiones malsonantes que contenían una misma mala palabra, cosas que ni siquiera yo mismo había oído antes. El momento fue tan absurdo, que casi me hizo perder la compostura y explotar de risa. ¡Él no tenía ni idea de lo que estaba diciendo! El modo en que él lo había pensado dejaba claro que para él, *estúpido* era la peor palabra. Las demás expresiones que eran mucho peores, eran solo un pie de nota en su confesión.

"Asher", respondí finalmente, "¿dónde aprendiste todo *eso*?".

Muy asombrado, me miró un par de segundos intentando discernir la severidad de la palabra, y después se puso a llorar exclamando: "El Espíritu Santo me dijo que era una palabra mala después de decirla. Lo siento papá. No sabía lo que significaba". Lo abracé, y hablamos sobre el lenguaje y las palabras, y de dónde venía esa palabra. También le pregunté dónde oyó la palabra, aunque ya sabía la respuesta.

Esa tarde había jugado con un niño del vecindario que vivía con su mamá y su padrastro. El niño tenía una mala relación con su padrastro, y tuve la sensación de que reconvertía y compartía palabrotas para atraer la atención de los demás niños. Realmente me caía bien ese niño y quería que Asher se hiciera su amiguito, pero este nuevo vocabulario no era el ideal.

Le dije a Asher que yo tenía que hablar con la mamá del niño. A Asher no le gustó mucho la idea. "Por favor, papá, no vayas, ¡cualquier cosa menos eso!". Tras escuchar su súplica, sugerí que ambos oráramos y le preguntáramos al Espíritu qué debíamos hacer. En unos noventa segundos más o menos, Asher dijo: "Papá, el Espíritu Santo me dijo que es importante para el futuro de Ryan que hables con su mamá". Yo me quedé allí sentado, atónito con su respuesta. Oramos juntos, y después lo llevé de nuevo a la cama.

Mientras salía de su cuarto, el Espíritu me preguntó: *¿Por qué piensas que Asher te confiesa estas cosas?* En ese momento yo estaba agotado y listo para terminar con todo, pero me detuve y pensé en ello. La verdad era que yo nunca le había enseñado a Asher a confesar. Era algo que él inició.

"Padre, no lo sé. ¿Tal vez es solo que no le gusta tener cosas en el corazón?".

Eso es cierto, hijo, pero ¿por qué te las confiesa a ti?

"Porque se siente seguro conmigo".

Profundiza más.

"Porque soy su padre".

Sí. Y, como eres su padre, él sabe que tienes derecho a recordarle quién es él, y se siente seguro contigo, sabiendo que será "intensamente amado, y no intensamente juzgado".[1]

"Ah —pensé—, entonces la confesión tiene que ver con eso...".

Para muchos, una oración de confesión se ha convertido en una transacción, algo que limpia la pizarra. Hay una sensación de que Dios puede perdonar solamente lo que se confiesa, así que nos estrujamos la cabeza buscando cualquier cosa mala que hayamos hecho o alguna cosa buena que no hayamos hecho. Una vez confesado todo podemos continuar, con la esperanza de sentirnos lo bastante mal como para no volver a hacer nunca más esas cosas.

Por supuesto que eso no funciona. Nunca ha funcionado y nunca lo hará. Este estilo de confesión hace de nuestros pecados y defectos un ídolo. El enfoque está en el pecado mismo, y no en la naturaleza del Padre. No hay nada de malo en ser específico en nuestras confesiones. Ser todo lo específico que podamos es bueno, pero no tenemos que entender todos los pormenores de nuestros fracasos, porque ¿cómo podríamos hacerlo sin la ayuda del Espíritu? Es imposible para nosotros alinearlos como los postes que hay por los campos de Texas. Lo que sí podemos hacer es llevar a la Luz lo que sabemos sobre nosotros mismos y lo que hemos hecho. Eso es suficiente por ahora.

La confesión no es para Dios, sino para nosotros.

No debemos pensar en la confesión como si fuera un resumen de errores o pecados. De hecho, el primer movimiento del Padre Nuestro es la forma más importante de confesión, es una declaración de una gran verdad: la naturaleza y autoridad de Dios. Por eso tenemos credos y salmos que se leen y se cantan (confiesan) en compañía de otros. Hay una historia mayor, una Verdad más universal que guía y moldea nuestra confesión. Dios es fiel en nuestras luchas y con ellas, y sin duda terminará la buena obra que Él comenzó.

El cielo sabe que lo más difícil para nosotros es rendir nuestras propias opiniones. Pensamos que nadie, incluido Dios, podría conocernos. Pero el Espíritu de Dios sabe las verdades y las mentiras que hemos escondido de nosotros mismos. Las que están tan apegadas a nuestro sentido del yo, que no recordamos una ocasión en la que no estuvieran ahí. La confesión atraviesa esas mentiras ofreciendo un viaje interior a casa.

Dios diseñó la confesión para que fuera íntima y relacional, un momento que edifica confianza y relación mutua. Su poder reside en su habilidad para reunir estas cosas que parecen estar en conflicto: la naturaleza de Dios, quiénes somos como hijos de Dios y nuestros pecados. A pesar de lo que nos hayan podido decir, el Padre no tiene miedo del pecado. De hecho, nos dice que acudamos con confianza al trono de la gracia para que hallemos la ayuda en el momento de necesidad.[2] El Padre sabe que cuando más lo necesitamos es cuando el pecado fractura nuestra vida. Pero, en esos mismos momentos, el Acusador intenta justificar nuestro pecado o lanzarnos al charco de la vergüenza; ambas tácticas son un intento de bloquear el poder reconciliador de Dios.

Cuando llevamos al Padre nuestros fallos, en cierto sentido estamos haciendo una declaración: ni el pecado ni el Acusador nos van a definir, porque eso solo lo puede hacer el Padre. Su Palabra, no nuestro pecado, es la máxima autoridad.

Como hijos de Dios, solo los pecados que retenemos tienen poder sobre nosotros.

Cuando confesamos nuestros pecados, ya sea que los confesemos directamente a Dios o a un confidente, estamos desafiando al pecado, rehusando dejar que reine sobre nosotros en las sombras de la acusación y el engaño.

Todo saben que las mejores mentiras se sirven con algo de verdad, y el Acusador sabe hacer uso de eso mejor que nadie. Cuando no damos la talla, él nos recuerda inoportunamente que no hemos dado en el blanco, pero no se detiene ahí. Continúa afirmando que, como hemos fallado, siempre fallaremos, sugiriendo que nos escondamos del Padre de las luces.

Entonces, ¿cómo combatimos al padre de mentiras? ¿Cómo emergemos de las sombras y entramos en la Luz?

Lo más poderoso que puedes hacer para desarmar al Acusador es ponerte de acuerdo con la verdad en su mentira. No está mal admitir que hemos hecho algo malo, pero lo único que conseguimos con avergonzarnos es perpetuar el pecado. La culpa está atada a lo que has hecho; la vergüenza está atada a quién eres. La culpa dice: "He fallado". La vergüenza dice: "Siempre fallaré, porque eso es lo que soy".

Muchos batallamos para no escuchar al Acusador porque sabemos que, en cierta manera, el Acusador declara verdad. Por eso tenemos que llevar lo que hemos hecho al Padre para que Él, mediante la obra del Espíritu, pueda separar lo que hemos hecho de lo que somos. La confesión es donde la mentira que no es toda ella mentira, doble su rodilla ante la Verdad que es toda la Verdad.

Confesamos nuestros pecados (a Dios y los unos a los otros) para poder ser sanados, porque la enfermedad no es nada menos que desintegración y falta de armonía. Hay un poder sanador en la oración de confesión que nos sana. La coraza de justicia y el escudo de la fe que menciona Pablo en Efesios 6 bloquean las mentiras del Acusador, pero a veces se nos olvida ponernos nuestra armadura. No debemos olvidar que nuestra fuerza es nuestra justicia en Cristo, la cual se encuentra en la fidelidad del pacto del Hijo; estamos en Cristo y somos coherederos de la promesa. Esta es nuestra confianza. Y, cuando oramos desde este lugar de seguridad, nuestras oraciones son poderosas y harán su función.[3]

En Marcos 1 vemos un momento muy hermoso entre Jesús y un leproso (también lo cuenta Mateo 8). En el mundo judío, la lepra estaba asociada con la suciedad y el pecado. Era una violenta enfermedad de la piel, y si alguien la contraía, probablemente se volvía despreciable y no apto para la sociedad. Los leprosos eran expulsados y obligados a vivir entre ellos mismos, separados de la comunidad general; y no se les permitía esconder su lepra. En cambio, tenían que llevar ropas rasgadas, cubrirse la boca y la nariz, y gritar "inmundo" cada vez que estaban en compañía de otros. Indudablemente, nadie debía tocarlos.

Pero el leproso en el primer capítulo de Marcos es osado; aparentemente es una de esas personas a quien la gente tacharía de tramposo por vivir según un estándar más alto y reglas mejores, reglas que las Escrituras llaman "la ley de Cristo" o "ley de la libertad".[4]

Jesús se acerca y toca al leproso, minando la idea de que Dios no puede acercarse a nosotros en nuestro pecado. Es cierto que Dios no puede ver el pecado *favorablemente*. Pero, contrariamente a aquello de lo que la religión alardea, Él nunca dejará que el pecado establezca los términos de la participación, y Jesús dejó claro que Dios indudablemente entra en el caos de nuestros pecados.

Deberíamos recordar que Jesús no tenía que tocar al hombre, ni debía hacerlo. Las Escrituras recogen muchos milagros en los que Jesús no tuvo que tocar a las personas, pero hay algo aquí que no deberíamos pasar por alto: Jesús *quería* tocar al hombre. Él quería restaurar su humanidad. Solo Dios sabe el tiempo que había pasado desde que este hombre había sentido el toque de otras personas. El leproso necesitaba un toque de sanidad, y Jesús nunca negó una petición de sanidad.

Sin embargo, cuando se trata de sanidad, Jesús podía ayudar solamente a los que sabía que estaban enfermos y creían que Él podía hacer algo con su situación. Busca en los Evangelios y no encontrarás ni un solo relato en el que Jesús sane a alguien sin que esa persona participe mediante la fe (o la fe de amigos). Todos los sanados por Jesús creyeron que había sanidad al otro lado de la rendición a su toque. El resultado exacto puede haber sido confuso, pero sabían que había algo mejor o *distinto* más allá de su condición.

No olvidemos que había muchas personas, leprosos incluidos, que se alejaron de Jesús y no quisieron su toque. Lo que esto nos dice es que los únicos que estaban (y están) en peligro de no participar de la vida de Jesús son quienes no le rinden su pecado y su quebranto.

Por mucho que quisiéramos evitar el tema, no podemos negar el efecto del pecado sobre nosotros. El pecado separa y desgarra, fragmenta y frustra, divide y degrada. Es una violación de la relación, primero con Dios, después con nosotros y con los demás. Podemos hablar sobre el pecado en un sentido físico, con teorías de la expiación y demás, pero el pecado es tangible y material. Engaña a tu cónyuge, miéntele a tu jefe, critica a tus amigos, y verás lo que ocurre. El pecado es un problema real que afecta a personas reales. Por eso Dios se hizo carne, carne real para tratarlo.

Como Santos, no tenemos por qué ser esclavos del pecado y su poder. Eso no significa que no vamos a pecar. Significa que tenemos una opción si pecamos. Podemos rendir el pecado a Dios y permitir que haga lo que solo Él puede hacer: redimirlo; o podemos aferrarnos al pecado, excusarlo y justificarlo, permitiendo así que su vergüenza nos impida correr al Padre.

Las Escrituras dejan claro que podemos conocer la libertad completa de la autoridad del pecado. Como nos dice Romanos 8: *Ahora, pues, ninguna condenación hay... Porque la ley del Espíritu de vida en Cristo Jesús me ha librado de la ley del pecado y de la muerte.*[5] Sin embargo, esto no significa que nuestra vida no se va a ver afectada por los dolores del pecado. Vivimos en un mundo desintegrado que está lleno de personas rotas y heridas que quiebran y hieren a otras personas, pero somos fortalecidos para ser pacientes y servir sobrenaturalmente, sabiendo y creyendo que el pecado y la condenación no son la autoridad final.

Por la gracia de Dios, podemos vencer el pecado de formas que nunca pensamos que fueran posibles. Mientras la gracia nos lleva más alto de lo que jamás pensamos que podríamos llegar, también se inclina más bajo de lo que jamás pensamos que podría. Llega hasta el fango y libera al condenado. Es paciente y firme, incluso cuando nosotros no somos constantes y fieles. Pero la gracia no puede respaldar el pecado, y nunca lo hará, como si fuera lo mejor para nuestra prosperidad.

Por ahora, tenemos que vivir en la tensión de predicar las buenas nuevas que se toman el problema del pecado muy en serio. Como hizo Jesús, debemos rechazar el moralismo y abrazar la buena moralidad.

El moralismo es lo que ocurre cuando se nos olvida el propósito de la moralidad. No olvidemos que Jesús condenó la afinidad de los fariseos con el moralismo, lo cual era evidente en cómo priorizaban el diezmo de las especias antes que las personas.[6]

Dicho esto, una de las funciones más importantes de la oración es desarrollar una moralidad consciente de Dios. La verdadera moralidad es la interacción adecuada de las relaciones. Es dinámica y a la vez constante. En las Escrituras se le denomina la "ley de Cristo" y "ley real", entre otros nombres.

Lo que hacemos y cómo vivimos no es solo algo personal; es un asunto del reino porque nuestras acciones afectan a otros. El deseo del Padre es cultivar nuestra consciencia, dándonos una consciencia del reino para que podamos ver y saber que esto es cierto. Sin embargo, la moralidad bíblica despojada de su contexto relacional degenera en orgullo religioso, o moralismo, algo con lo que todos estamos muy familiarizados.

Pablo afirmó que el Espíritu Santo habló a través de su conciencia, que los dos actuaron juntos para dirigir sus palabras y esfuerzos.

Verdad digo en Cristo, no miento, y mi conciencia me da testimonio en el Espíritu Santo.　　(Romanos 9:1)

Nuestra conciencia es una manera en que la Voz nos habla y dirige nuestra vida. Es un testimonio interior o consciencia de Dios que nos lleva hacia delante. Pero, en base a lo que encontramos en las Escrituras, la conciencia es como una línea de comunicación que el Acusador puede secuestrar y reconvertir.

Cuando vemos la palabra griega para *conciencia*, descubrimos que está unida a la consciencia o al conocimiento; sin embargo, esta consciencia, evidentemente, se puede corromper. Tenemos que despertar a la mente de Cristo, que es a la vez eterna y universal.

Pablo escribe:

Conociendo, pues, el temor del Señor, persuadimos a los hombres; pero a Dios le es manifiesto lo que somos; y espero que también lo sea a vuestras conciencias.

(2 Corintios 5:11)

Observemos que para Pablo el conocimiento está ligado al temor de Dios. En otras palabras, llegamos a conocer la verdad de todas las cosas cuando creemos que solo Dios conoce la verdad de todas las cosas. ¿Qué te parece esta paradoja?

Una conciencia es confiable cuando es consciente de Dios.

Los movimientos y las religiones intentan manipular la conciencia, acosando a la gente para lograr la conformidad. Lo hacen diciéndonos que no somos el tipo de persona correcta si no nos ajustamos a sus deseos o su agenda. En esos momentos de presión, una conciencia pura o rendida será un conducto para la Voz, y sabremos qué hacer en tiempos de coacción.[7]

Los humanos fuimos creados en la naturaleza de Dios y, por lo tanto, poseemos un deseo del bien. Pero el Acusador se las arregla para manipular nuestro deseo inherente de hacer lo correcto, convenciéndonos de que lo bueno es malo y lo malo es bueno. Vemos esto en acción en el relato acerca del árbol del conocimiento del bien y del mal. *¿Realmente dijo Dios eso?*

Si el pecado es en verdad "errar el blanco", entonces una de las mejores maneras de asegurarse de que alguien no dé en el blanco es hacer que apunte a la diana incorrecta. Eso es exactamente lo que les hizo el Acusador a Adán y Eva y continúa haciéndonos hoy: corrompe la conciencia apuntándola hacia el blanco incorrecto. Veamos dos formas prácticas en las que el Acusador hace esto y qué forma adopta una conciencia correcta en estas dos opciones.

Lo primero que hará una conciencia corrompida es alejarnos de la persona, la presencia y el poder de Dios. La conciencia comprometida se convierte en un arma de vergüenza, y el alma se queda aislada, desesperanzada y confundida. Por desgracia, la religión a menudo ha usado esta corrupción de la conciencia para modificar la conducta de las personas, haciéndolas creer que siempre están "en problemas". Tal manipulación es poderosa y eficaz porque, en un sentido, estamos en problemas cuando actuamos por nuestra propia cuenta. La paga del pecado es muerte, a fin de cuentas, pero no tenemos que arreglar todos nuestros problemas para poder ir al Padre. De hecho, la única forma de arreglar nuestros problemas es yendo al Padre. Llevar nuestro fracaso y nuestra disonancia a Dios limpia la conciencia, ayudándonos a vivir de una forma que honre el diseño de Dios para la prosperidad humana. Y esta invitación no es singular o condicional, sino que siempre está ahí para nosotros.

Jesús entregó su vida para dejar claro que nada —ni siquiera que la raza humana matara al Hijo— podría separarnos del amor del Padre. Por eso, el escritor de Hebreos escribió estas palabras:

¿cuánto más la sangre de Cristo, el cual mediante el Espíritu eterno se ofreció a sí mismo sin mancha a Dios, limpiará vuestras conciencias de obras muertas para que sirváis al Dios vivo? (Hebreos 9:14)

acerquémonos con corazón sincero, en plena certidumbre de fe, purificados los corazones de mala conciencia, y lavados los cuerpos con agua pura. (10:22)

Conocemos que estamos seguros con el Padre, reconciliados con Él por el Hijo y el Espíritu. Dios es el Fuego consumidor, Aquel cuyas llamas sanan, aunque quemen. Hay cosas en nosotros que no son nosotros. Fingen ser auténticas o veraces, pero son solo los efectos del pecado y el quebranto, estiradas a lo largo de las generaciones y el tiempo. Lo que verdaderamente *somos* nunca se pierde al rendirnos.

La segunda cosa que hará una conciencia corrompida es negar la existencia de un bien y mal universales que proceden de Dios y que le pertenecen. C. S. Lewis usó el término *Ley de la naturaleza humana* para describir una conciencia universal o voz interior que resuena con el diseño de Dios para la prosperidad humana. Argumentó que en las grandes civilizaciones puede que existan diferencias entre sus conceptos de moralidad, pero estas diferencias nunca han llegado a convertirse en una diferencia total. Después proporciona ejemplos de lo que comúnmente se entiende que es bueno en las sociedades, y sugiere que sería prepotente e injurioso para la sociedad intercambiar lo que se sabe conscientemente que es mutuamente beneficioso y bueno por lo que está claramente mal (o es malo). Para resumir su argumento, nos pide que imaginemos la locura de un mundo donde alguien afirme que dos más dos es igual a cinco.[8]

Nuestro mundo se ha visto moldeado por el posmodernismo, el cual niega la existencia de una Verdad absoluta; una afirmación que es, en sí misma, una contradicción. Con nada sobre lo que cimentarse, el posmodernismo se derrumba ante su propio peso y ha sido reemplazado, en gran medida, por un movimiento pos-posmoderno que quiere reescribir la Verdad. Este "nuevo" paradigma de Verdad es en su mayor parte hostil a lo que previamente se consideraba verdadero, y no comparte el espíritu posmoderno del "todo vale". Más bien, busca conformar cada punto de interacción humana con sus propósitos y su diseño. Este movimiento ha secuestrado la "conciencia", reduciéndola de algo que es consciente de Dios a algo que es manipulando por el hombre o por una agenda. Defendiendo una seudoaceptación, una sombra de la aceptación que probablemente "no vieron" en el Padre, estas personas a menudo rehúsan aceptar a nadie que no se alinee con su postura, una postura que se parece horriblemente a la religión en su peor estado.

Estos tiempos son peligrosos, y hay mucho en juego. Necesitamos una conciencia orientada a Dios para navegar por los matices y las sombras del quebranto que nos rodea. Necesitamos la totalidad de la santidad, una totalidad que viene solo con paciencia, una paciencia que se forja en la oración. Una paciencia que se fortalece en nosotros al arrepentirnos y confesar, llevando nuestros pecados y falta de visión al Padre.

La confesión es donde el milagro del perdón se vuelve siempre más personal y significativo.

Sin embargo, cuando negamos que necesitamos el perdón y también que ya somos perdonados, nos volvemos incapaces de perdonar a otros. La cultura de cancelación de nuestros días es resultado directo de personas que no reciben el perdón del Padre. Saber que somos perdonados, un perdón que es clemente y necesario, es abrirnos paso entre las diferencias y los errores de nuestro mundo con humildad, paciencia y comprensión. El Padre es paciente con nosotros, y espera que nosotros seamos pacientes con los demás.

Sería bueno para nosotros recordar que la paciencia y la firmeza son el primer y último atributo del amor en 1 Corintios 13: *El amor es sufrido... [el amor] nunca deja de ser.*[9]

¿Sabemos que estamos seguros con Dios? ¿Lo suficientemente seguros para confesar? Asher comparte sus errores conmigo porque sabe que veo más en él de lo que él mismo ve. Sabe que yo estaré a su lado pase lo que pase. Regularmente le pregunto: "Asher, ¿por qué te amo?... ¿Es porque eres muy trabajador? ¿Inteligente? ¿Bueno? ¿Divertido?".

"No, papá, te gustan esas cosas de mí, pero no me amas por eso... me amas porque soy tu hijo".

He visto el efecto que esta certeza ha tenido sobre mis hijos. Me confían momentos, errores y temores que conducen a una conexión y confianza profundas. Nada está fuera de límites, y ellos lo saben.

Nosotros también deberíamos saberlo.

11

DE MÍ A NOSOTROS

*Se acordarán, y se volverán a Jehová todos los confines de la
tierra, Y todas las familias de las naciones adorarán delante de
ti. Porque de Jehová es el reino, Y él regirá las naciones.*
—Salmos 22:27-28

"El que estaba más aislado, condenado y olvidado...
se convirtió en la fuente principal de reconciliación y por eso
libera y une a la humanidad".
Kosuke Koyama, *Three Mile an Hour God*
(*El Dios de tres millas por hora*)

Cuando conversamos con Dios, lo hacemos en compañía de
otros.

En Mateo 6 Jesús nos dice que oremos en nuestro cuarto con
la puerta cerrada, pero también nos dice que abramos nuestro

corazón al orar: "Padre nuestro". El reino de Dios avanza en la intersección de la relación, así que el Padre diseñó la oración para unirnos, ayudándonos a ver el mundo como algo más que la suma de nuestros afanes y preocupaciones individuales. Solo dentro de la consciencia de este mundo mayor es donde encontramos la perspectiva para dar sentido a nuestra propia vida y abrirnos camino en ella.

En asuntos de la oración, Jesús prefiere el pronombre *nuestro, nosotros,* antes que *yo, mi.* El Padre Nuestro contradice el individualismo, y pertenece a un reino que frustra el tribalismo de nuestra era. La misma naturaleza del Padre nos hace señas para indicarnos que nos esforcemos por algo mayor y mejor que las falsas dualidades de nuestra época.

El reto es que la mayoría de nosotros crecimos en la mesa de un evangelio individualista. El tema del plan de Dios para reconciliar a las naciones y los pueblos quedó hecho puré entre una visión miope del cielo y el infierno, y en su lugar se nos ofreció una oración como fórmula que asegura que tú, como individuo, terminas en el lugar correcto. La santidad perdió su forma comunal y quedó reducida a un moralismo y procedimiento personal.

Ahora, la práctica común es limitar la santidad a seguir ciertas reglas o no pecar, y lo hacemos solos; sin embargo, las Escrituras retratan la santidad de Dios como algo que redefine nuestras pequeñas ideas de armonía, integridad, y belleza. Lidiamos con los términos *santo, santidad* y *santos* porque, en su verdadera forma, son terriblemente difíciles de contener. Expresan una *otredad* que pertenece a Dios. Es una cualidad que trasciende todas las demás cualidades y no se debe limitar ni hacer de menos. La santidad es el atributo más íntimo o superlativo de un ser. Es cómo debemos relacionarnos y entendernos el uno al otro. Cuando se trata del otro, siempre hay algo "más" que no se debe convertir en un esclavo del reduccionismo.[1]

Las criaturas en el trono de Dios claman "¡Santo!" no porque forme una bonita melodía cuando tocas tres cuerdas a la vez, sino porque con cada momento se les revela una nueva faceta de la naturaleza de Dios. "¡Santo!" no es una letra; es un grito.

Cultivamos el temor de Dios en oración al rehusarnos a que Dios (y otros) se someta a nuestros reinos. No podemos convertir a Dios en el dios de nuestras preferencias y diseños políticos, culturales, étnicos, nacionales, o sociales. El temor de Dios es el principio de la única sabiduría que trasciende la disonancia, y el verdadero conocimiento de la naturaleza de Dios es el único lugar donde encontramos el entendimiento que necesitamos para hacernos camino por este momento cultural. Mediante la oración somos llenos de gracia para reconciliar lo irreconciliable, encontrando la bendita seguridad de que hay otra dimensión de pertenencia, y su camino no es una indiferencia tolerante sino un amor santo que se despliega en justicia, paz, gozo y paciencia.

"No puedo llevar a cabo la voluntad de Dios en mi propia vida", escribió Thomas Merton, "a menos que yo también ayude de manera consciente a otros hombres a averiguar la voluntad de Dios en las suyas. La voluntad de Dios, por lo tanto, es nuestra santificación, nuestra transformación en Cristo, nuestra integración más profunda y más completa con otros hombres. Y esta integración resulta no en la absorción o la desaparición de nuestra propia personalidad, sino en su afirmación y su perfección".[2]

El reino de Dios representa diferentes naciones, trasfondos, etnias y socioeconomías, y a Él le gusta así. La visión profética de la era venidera está marcada por tribus, pueblos, lenguas y naciones. Dios no está intentando hacer que todos seamos iguales. La diversidad muestra su creatividad. Hay dignidad en la diferencia, pero más allá de nuestras historias individuales o culturales está la historia, aquella de la que todos somos parte. Y, en esta historia, somos miembros de la familia universal de Dios, y cuando nos juntamos como *una* sola familia comenzamos a revelar la gloria colectiva que pertenece a nuestro Dios. Quien dijo: "Es necesario todo el mundo para revelar a un Cristo completo" puede que estuviera en lo cierto.

La verdadera oración es navegar en la dignidad de todo esto. Es que la naturaleza santa de Dios nos impregne con aquello a lo que la santidad de Dios nos invita, aquí y ahora. Tal oración es la fortaleza de nuestra adoración, una adoración que es más que una canción lenta, porque es la integración de nuestra vida con los planes, las personas y los propósitos de Dios. Es una obra santa, un sacrificio vivo. Una disposición a ir donde sea necesario y con todo aquel a quien el Padre nos envíe.

Hay una historia que habla sobre un hombre y un pez. Seguro que la has oído antes.

Es una de esas historias asombrosas de la Biblia. El tipo de historia que reta a los eruditos y científicos, provocándolos a etiquetar su trama como parodia. Tendemos a quedarnos atascados en la parte del pez, ¿o era una ballena?, pero esta historia no se trata principalmente de un pez. A mí me parece que el pez se ha convertido en gran manera en una distracción, escondiendo la verdadera razón por la que la narrativa tiene un lugar en las páginas de las Escrituras. Es una historia siniestra; saca a la luz el lado oscuro de nuestra humanidad, razón por la cual Jesús les dijo a sus compañeros del primer siglo: "La generación mala y adúltera demanda señal; pero señal no le será dada, sino la señal del profeta Jonás".[3]

La historia de Jonás, nos guste o no, es nuestra historia.

La historia comienza con Jonás recibiendo una palabra del Señor. YHWH, el Dios de Israel, le dice a su profeta que vaya a Nínive, la gran ciudad de los asirios, enemigos declarados del pueblo de Dios. ¿La razón de Dios para enviar a Jonás?

Y pregona contra ella; porque ha subido su maldad delante de mí.   (Jonás 1:2)

Pero Jonás no obedece.

Los ninivitas son sus enemigos declarados, opresores del pueblo escogido de Dios. Por lo tanto, Jonás huye de Dios para encontrar un barco que lo lleve en dirección contraria, a un lugar llamado Tarsis. Una vez a bordo del barco, Jonás se acomoda en un lindo lugar bajo cubierta para dormir una siesta. Me imagino que, de algún modo, Jonás se convenció de que había escapado de la presencia del Señor, una suposición que el texto menciona varias veces, y que ahora puede descansar en paz, libre de las demandas irracionales de su Dios, un Dios cuya presencia, según las acciones de Jonás, está limitada a un lugar geográfico y cuyo interés no debería extenderse más allá de un grupo concreto de personas.

Sin embargo, no mucho después de que Jonás "se escapa" de la presencia de Dios, el viento y el mar se revuelven contra la somnolencia de Jonás, estropeando por completo su plan. En este momento de la historia, la tripulación ha hecho todo lo posible para salvar el pellejo, y ahora han recurrido a clamar a cualquier dios que pueda salvarlos de las garras de Poseidón. Cuando clamar a los dioses no funciona, la tripulación piensa que quizá uno de ellos provocó la tempestad, y deciden echarlo a suertes con la esperanza de identificar a la persona culpable.

La idea de la tripulación echando suertes mientras el barco está siendo balanceado y sacudido, casi me parece cómica. Me los imagino destruyendo el ya de por si estropeado barco para encontrar una bolsa de dados que alguien cambió de su lugar habitual para ponerlo en alguna rendija. Después de encontrar finalmente la bolsa, quizá la tripulación tuvo que encontrar rápidamente un lugar decentemente plano para discernir los presagios. Cuando mi familia juega a cualquier juego de dados, tenemos la regla de que el dado se debe rodar sobre una caja y esa caja tiene que estar de lleno sobre la mesa. La caja inmóvil guarda el dado para que no pueda ser manipulado con la inclinación de la mano. Así que, cuando pienso en estos hombres echando suertes, pienso en un juego de alto riesgo que, claro está, requiere un buen lugar donde realizarlo. A fin de cuentas, el perdedor podría convertirse en comida para peces.

La suerte recae sobre Jonás, haciendo que la tripulación pregunte: "¿Quién eres tú y qué has hecho?". Jonás responde con una gran medida de pretensión, alardeando de su nacionalidad y la superioridad de su Dios, el *Dios… que hizo el mar y la tierra*,[4] un hecho que se debió escapar de su mente unos versículos antes cuando huía de la poderosa presencia de su Dios.

Jonás, entonces, les dice que lo arrojen por la borda, algo que los hombres finalmente hacen sin grado alguno de reticencia. Jonás se salva gracias a un pez, y la tripulación pagana adora al Dios de Jonás, ofreciendo sacrificios y votos a YHWH.

Deberíamos preguntarnos por qué Jonás no le dijo a la tripulación que lo llevaran de regreso a Jope o incluso en dirección a

Nínive. ¿Acaso ese acto de obediencia no hubiera calmado la tempestad? Yo argumentaría que la petición de Jonás de ser arrojado al océano fue un acto de desafío. Jonás básicamente le está diciendo a Dios: "¡Prefiero morir en el océano que ir a Nínive!". ¿Qué quiere conseguir este hombre? ¿Por qué se opone tanto a ir a Nínive? Claramente, no es porque Jonás tema perder su vida. Después de todo, este tipo duerme durante una tempestad y después, de forma informal, le dice a la tripulación que lo sacrifiquen en el mar.

Hay algo más en juego aquí.

Después de tres días y tres noches de enojo y de sentir lástima de sí mismo, Jonás finalmente transige y ofrece una oración de arrepentimiento religiosa y a medias tintas. YHWH le dice al pez que vomite a Jonás a tierra, y después, por segunda vez,[5] le dice a Jonás que se dirija a Nínive.

Jonás obedece.

Las Escrituras nos dicen que *era Nínive ciudad grande en extremo, de tres días de camino,*[6] pero Jonás decide viajar solamente durante un día para llegar a la ciudad. Y su mensaje no contenía promesa, esperanza, o incluso una invitación a que se arrepintieran. En cierto sentido, solo les dijo que estaban destinados a ser destruidos en cuarenta días, un número que no se menciona hasta este momento de la historia. Si somos generosos, podríamos decir que Jonás terminó la mitad de la tarea, pero Dios usa su obediencia a medias para dar un mensaje al rey, y el rey da el mensaje que debería haber estado en los labios de Jonás. El rey llama a la nación a arrepentirse y hacer duelo, y Dios escucha su clamor y perdona a la ciudad.

Pero *Jonás se apesadumbró en extremo, y se enojó,*[7] debido a la misericordia de Dios.

Es en este punto cuando finalmente se nos da una visión clara de la mente de Jonás. Ahora sabemos por qué este profeta hebreo estaba tan decidido a evitar Nínive. No hay necesidad de conjeturar o intentar averiguar, porque Jonás está deshecho por la angustia y nos revela a los lectores lo que tanto Jonás como Dios sabían desde el principio: *Ahora, oh Jehová, ¿no es esto lo que yo decía estando aún en mi tierra? Por eso me apresuré a huir a Tarsis; porque sabía yo que tú eres Dios clemente y piadoso, tardo en enojarte, y de grande misericordia, y que te arrepientes del mal.*[8]

Jonás es un nacionalista. La idea de que *su* Dios fuera misericordioso con el enemigo era mucho para él. En lugar de aceptar esta extraña demostración de la bondad de Dios, se queja de que YHWH está mostrando misericordia, amor y compasión por los extranjeros y forasteros. Esta benevolencia es demasiado para él. Los asirios eran su enemigo y opresor, y Jonás era un protector de Israel; él era el profeta conocido por incitar a Israel a restaurar sus fronteras y a mantener a los infieles fuera de sus límites, donde debían estar.[9] ¡Todo esto le parecía algo muy injusto!

Entonces, ¿qué hace Jonás? Pasar el rato, estar enojado, y finalmente pedirle a Dios que lo mate. Persiguiendo alguna forma de consolación, levanta un campamento justo a las afueras de la ciudad, con la esperanza de que Dios recupere el juicio y arrase a los asirios. En medio del pensativo Jonás, Dios hace que crezca una planta de forma milagrosa y extienda su sombra sobre la cabeza de Jonás. Este simple acto de bondad hace que Jonás, el hombre que acaba de pedirle a Dios que lo mate, se alegre en gran manera. Se acurruca en su pequeña cabaña y disfruta de una noche de paz. *Seguro que este es un buen augurio de que Dios está de mi lado y contra los ninivitas,* razona.

Jonás, al igual que muchos de nosotros, sabe pensar solamente de modo dualista: nosotros contrariamente a ellos. Ganamos o perdemos. Blanco o negro. Escogido o rechazado. Esclavo o libre. Secular o sagrado. Sin embargo, para Jonás, la angustia llega con el alba. La confirmación de su elección, la bendita cobertura de su llamado, se ha secado y ha muerto. Ahora se encuentra nuevamente como un mero extranjero en una colina, quejándose de que Dios está transformando a sus enemigos en sus hermanos y hermanas.

Jonás está furioso: sus palabras exactas son: *Mucho me enojo, hasta la muerte.*[10] Cualquier demostración de misericordia divina que no estuviera dirigida hacia él y su pueblo era una afrenta para la religiosidad de Jonás. Como los fariseos, Jonás usó la ortodoxia para reafirmar un sentimiento de elitismo, rechazando la idea de que Dios podía tener ovejas de un redil distinto.[11] Jonás olvida convenientemente que Dios originalmente llamó a Israel a ser un sacerdote para las naciones: una tarea que Israel no entendió ni persiguió, lo cual condujo a la violencia, el elitismo y la opresión entre Israel y las naciones a las que estaba llamada a servir. De nuevo, en Génesis 12, Dios prometió que a través de la familia de Abraham (Israel) todas las familias de la tierra serían bendecidas. Por desgracia, lo que comenzó como una bendición sacerdotal para las naciones se convirtió en nacionalismo e idolatría.

El libro de Jonás termina con las palabras de Dios, dándonos una ventana desde donde mirar el carácter de Dios tan hermosamente robusto.

¿Y no tendré yo piedad de Nínive, aquella gran ciudad donde hay más de ciento veinte mil personas que no saben discernir entre su mano derecha y su mano izquierda, y muchos anima-les? (4:11)

Se me pone una sonrisa cuando leo la parte al final que dice, "y muchos animales". Esto debería animar mucho a los amantes de los animales.

Esta es una historia acerca de nosotros.

La religión tiende a encontrar un modo de fomentar o tolerar la hostilidad hacia los extranjeros, los paganos, los marginados. El desdén a menudo se considera algo justo y justificado.

Sin embargo, Jesús tomó toda nuestra hostilidad en la Cruz; su carne llevó las marcas de nuestro odio político (Roma) y religioso (líderes judíos). La Cruz personifica a la humanidad en su mejor forma, aunque es el resultado de la humanidad en su peor forma. Cada flujo de la separación humana se reunió y fue juzgado en el sacrificio de Jesús.

Es necesaria mucha fortaleza para que podamos creer que esto es verdad.

Es más fácil creer que las separaciones entre nosotros son definitivas, que nuestra propensión al pecado superará el poder de Dios para redimir y reconciliar. No podemos hacer la paz por nosotros mismos, pero Cristo es nuestra paz, y su Espíritu unifica nuestros corazones en lo que Pablo llama el "vínculo de la paz".[12] El Integrador asegurará el éxito cuando la mentira de que no es una mentira sea desplazada por la Verdad que es toda verdad. Pero nosotros no tenemos que conformarnos a sentarnos de brazos cruzados y esperar ese día; incluso ahora, Dios ha enviado su Espíritu como garantía de la era venidera, la era en la que la humanidad intercambiará las armas por adoración, el pecado por salvación, el odio por amor.

En el nombre del Amado, el nombre que es sobre todo nombre, todas las cosas están unidas en la vida, cosas tanto en el cielo como en la tierra. En su carne, el muro divisor de hostilidad está derribado, y estamos reconciliados con Dios.[13] La religiosidad nos dice que debemos vencer el pecado por nosotros mismos y reconciliar a Dios con nosotros, pero la Biblia nos cuenta una historia distinta. En ningún lugar de las Escrituras se nos dice que debemos reconciliar a Dios con nosotros; Dios es quien lleva a cabo la reconciliación, el cortejo, el llamado. Él nunca se ha detenido. Somos nosotros quienes olvidamos escuchar.

La Voz habla.

Cuando terminó la realidad del Huerto, Dios siguió reuniéndose con su pueblo. Pero nosotros acudimos a nuestros propios mecanismos, queriendo construir reinos propios. La violencia se convirtió en la moneda de fuerza; y, al alejarnos de Dios, la violencia adoptó una forma religiosa, un ejercicio catártico que transfirió nuestro quebranto y carencia a un animal o una persona.

Seguimos culpando hasta este día, culpando de nuestros problemas a un partido político, una raza, un género, una nación, una sociedad, o una orientación sexual. Sin embargo, la disonancia externa no es otra cosa que lo que ocurre cuando negamos la disonancia interior. Necesitamos un chivo expiatorio, así que ubicamos a quienes son *distintos* a nosotros, aquellos que tienen una forma distinta de quebranto, un quebranto al que podamos echar la culpa de nuestro dolor. Si ellos fueran [llena el espacio en blanco] o hicieran [llena el espacio en blanco], entonces este mundo se arreglaría en un mes.

Hay un misterio en la prosperidad humana que nosotros, evidentemente, aún no podemos comprender. Según Pablo, es *el misterio del evangelio, el cual ahora ha sido revelado a los Santos*.[14] En otras palabras, es lo que significan el evangelio y el reino.

que los gentiles son coherederos y miembros del mismo cuerpo, y copartícipes de la promesa en Cristo Jesús por medio del evangelio. (Efesios 3:6)

Pablo continúa diciendo que hay *un cuerpo, y un Espíritu, como fuisteis también llamados en una misma esperanza de vuestra vocación; un Señor, una fe, un bautismo, un Dios y Padre de todos, el cual es sobre todos, y por todos, y en todos.*[15] Esta unidad cósmica sobrepasa el conocimiento, dejándonos con un asombro santo. O como lo dice Pablo: *Por esta causa doblo mis rodillas ante el Padre de nuestro Señor Jesucristo, de quien toma nombre toda familia en los cielos y en la tierra.*[16] La única respuesta razonable es doblar las rodillas, porque esta Verdad es mucho mayor que cualquier cosa que pudiéramos crear por nosotros mismos.

El gentil, la persona que es "extranjera", pertenece. Siempre ha pertenecido, pero no podíamos entenderlo. Vemos su presencia en el linaje de Jesús. Rahab de Jericó y Rut de Moab nos recuerdan la promesa que Dios le hizo a Abraham: que todas las naciones serían bendecidas mediante su familia.

El misterio que estuvo escondido durante siglos y generaciones, un misterio escondido a plena luz, es que, en Cristo, Dios está reconciliando al mundo (a todos los pueblos) consigo mismo, no teniéndoles en cuenta sus pecados.[17] Ya no tenemos que culpar. No hay necesidad de denigrar y juzgar. Jesús vertió la sangre de violencia y derribó, en su carne, el muro de división. Por eso las criaturas celestiales y los ancianos cantan:

Digno eres de tomar el libro y de abrir sus sellos; porque tú
fuiste inmolado, y con tu sangre nos has redimido para Dios,
de todo linaje y lengua y pueblo y nación; y nos has hecho para
nuestro Dios reyes y sacerdotes, y reinaremos sobre la tierra.
(Apocalipsis 5:9-10)

Su muerte es la vida de las naciones. Solo en su muerte y su
vida somos liberados del poder separador del pecado, y ahora
podemos reanudar nuestro lugar como sacerdotes para Dios y
administradores de su buen mundo.

Después de su resurrección, Jesús pasó cuarenta días con sus seguidores, preparándolos para lo que iba a llegar. Las Escrituras no nos
dicen mucho acerca de este tiempo, pero sabemos que Jesús habló
sobre el reino y el Espíritu.[18]

Tras oír toda esta charla sobre el reino, los discípulos le pre-
guntaron: *Señor, ¿restaurarás el reino a Israel en este tiempo?.*[19] Pero
Jesús no les dio la respuesta que buscaban. En su lugar, les dijo:
Recibiréis poder, cuando haya venido sobre vosotros el Espíritu Santo.
Y después vuelve a enmarcar nuevamente la percepción que debían
tener acerca del reino, añadiendo: *y me seréis testigos en Jerusalén,*
en toda Judea, en Samaria, y hasta lo último de la tierra.[20] En otras
palabras, la buena noticia del reino debía extenderse más allá de
su hogar o zona de comodidad (Jerusalén y Judea) y alcanzar a los
marginados y extranjeros (Samaria y lo último de la tierra). Ese
era un mensaje difícil de digerir para ellos. Se suponía que el reino
debía adoptar un aspecto distinto. Ninguno de ellos esperaba que
Jesús estableciera su reino reconciliando a sus enemigos con Dios.

Pero Jesús había vencido a la tumba, así que decidieron escucharlo y esperar en Jerusalén hasta que la promesa del Padre, el Espíritu de Dios, los visitara. Cuando llegó el día de Pentecostés, fueron llenos del Espíritu y comenzaron a declarar las buenas nuevas en otras lenguas. El Espíritu los empoderó para trascender las barreras culturales y lingüísticas, y los discípulos se convirtieron, por así decirlo, en testigos a las naciones.

El hecho de que eso ocurriera en Pentecostés no fue accidental. Pentecostés (o *shavuot*) marcaba la cosecha del trigo en Israel.[21] El Espíritu ahora estaba empoderándolos para ver que los campos de trigo, las naciones, estaban maduros para la cosecha, una verdad que Jesús compartió con ellos en Juan 4, después de invitar a la mujer samaritana a participar de las buenas nuevas. Muchas tradiciones rabínicas ortodoxas enseñan que *shavuot* conmemora la revelación de la Torá en el Monte Sinaí. En Hechos 2, en ese Pentecostés, la ley volvió a nacer dentro de la intención original de Dios.

La nación de Israel fue nombrada y llamada a salir para servir. Debían ser una nación de sacerdotes para las naciones, pero rechazaron la tarea en el Sinaí y demandaron una religión, algo que se pareciera a lo que habían vivido en Egipto (razón por la que enseguida crearon un becerro de oro como objeto de su adoración). Dios siempre se ha rebajado a nuestra religión para elevarnos a formas mayores de relación de pacto, y vemos esto en el Sinaí, al igual que lo veremos después en la respuesta de Dios a la demanda de Israel de un rey. Sin embargo, en lugar de que Israel sirviera a las naciones en el patrón de Cristo, abusaron de su favor, convirtiéndose en terror tanto para sí mismos como para las naciones a las que habían sido llamados a servir.

Se necesitaría un libro mucho más grande que este para hablar de las implicaciones del Sinaí y cómo continúan influenciando nuestra idea de Dios, la adoración, la oración, y otras cosas hoy día. Renunciamos al misterio del Sinaí, demandando un sistema religioso en su lugar. "¡Haremos todo lo que nos digas, Moisés!". Pero esto nunca se ha tratado de "hacer lo que Dios nos diga". Se trata de regresar al camino del Huerto, escogiendo ceder cada parte de nuestro ser a la esperanza de las naciones.

En Pentecostés, por el Espíritu, estos israelitas que no eran de la tribu sacerdotal pudieron aceptar la responsabilidad de Israel de ser sacerdotes. Y, al decir sí a Jesús y a la obra del Espíritu, nuestras vidas también se convierten en buenas noticias para las naciones. Pablo lo describe de este modo: *siendo manifiesto que sois carta de Cristo expedida por nosotros, escrita no con tinta, sino con el Espíritu del Dios vivo; no en tablas de piedra, sino en tablas de carne del corazón.*[22]

Es fácil preocuparse por lo que está sucediendo a escala global. Son tiempos difíciles, marcados por guerras y rumores de guerras, corrupción política y egoísmo, oscuridad y desesperación. Pero, ¿cuál es nuestra respuesta razonable? ¿Cómo oramos cuando estamos en la oscuridad, por así decirlo?

Deberíamos notar que el primer imperativo de Jesús en la oración es que debemos amar a nuestros enemigos y orar por los que nos persiguen,[23] porque ese es el camino de nuestra perfección; es como compartimos la santidad de nuestro Padre. Es la única forma de orar y vivir en la realidad del "Padre Nuestro". Cuando se nos olvida la verdad de la otredad de Dios y lo que significa para nosotros, nos volvemos esclavos de las personas a las que estamos llamados a servir. Bíblicamente hablando, el pueblo de Dios no va al exilio por la maldad que le rodea, sino que va al exilio cuando participan en lo que deshace a las naciones.

La fractura cósmica que pone al hombre contra el hombre está causada por el Acusador y su legión de potestades de las tinieblas. Pablo nos dice que *no tenemos lucha contra sangre y carne, sino contra principados, contra potestades, contra los gobernadores de las tinieblas de este siglo, contra huestes espirituales de maldad en las regiones celestes.*[24] Combatimos estas fuerzas *orando en todo tiempo con toda oración y súplica en el Espíritu.*[25] Escuchando la Voz.

Las potestades demoniacas intentan dividir y perpetuar la mentira de la desintegración. Hay divisiones demoniacas en el alma de la gente que producen locura y destrucción celular. Hasta que uno conoce el *shalom* interior (integración), intencionalmente o no, contribuye a la desintegración y el caos de nuestros días.

Si hacemos a la carne y sangre nuestro enemigo, estaremos luchando en la batalla equivocada. En cambio, deberíamos interceder por nuestros hermanos y hermanas, porque —como nos mostró Jesús— ese es el mejor camino para ganar una nación.

La fuerte crítica impersonal (y a veces personal) que vuela por las redes sociales no está ayudando a nadie. Conduce a respuestas inadecuadas y desconsideradas que están polarizadas y polarizan. El enemigo se las arregla para introducir mentiras en grandes cantidades. Después hace las palomitas, se sienta en una silla cómoda, y se echa unas buenas risas al vernos discutir sobre qué mentira es mejor. Una verdad que es demasiado obvia en las políticas sobre identidad.

Por lo tanto, antes de lanzar un ataque sobre alguien (o algo), ¿por qué no pasamos primero cinco minutos orando genuinamente por esa persona o situación? Quiero decir, buscar realmente el corazón del Padre para ellos. Te prometo que te sentirás mejor con tus conversaciones privadas, y probablemente escribirás mucho menos en las redes. Antes de defender la paz y la equidad, ¿por qué no practicamos, aprendemos, y extendemos esas cosas en nuestra propia casa, iglesia, escuela, o vecindario? El *otro* no está tan solo al otro lado del mundo. Es tu sarcástica hermana mayor, el compañero de trabajo fastidioso, o tu dolido padre.

Al final de su discurso de aceptación del Premio Nobel de 1979, la Madre Teresa dijo, como todos saben: "Mi oración para ustedes es que la verdad traiga oraciones a nuestros hogares, y el fruto de la oración será que nosotros... intentaremos hacer algo. Primero en nuestro propio hogar, en el vecino de al lado, en el país en el que vivimos, y en todo el mundo. Y unámonos todos en esa sola oración".[26]

Observemos que, para la Madre Teresa, la oración era lo que faltaba. Solo cuando la oración entra en nuestros hogares sabemos qué hacer y por qué hacerlo. Y este conocimiento comienza en nuestra propia casa y después se extiende al resto del mundo. La oración siempre conduce a la acción porque es activa, pero la acción se convertirá en menos hacer y en más entrar en algo que ya está sucediendo.

Las personas que buscan en oración el corazón de Dios por un momento dado, saben qué hacer en ese momento. Hablan con una claridad amable, rehusando ser arrastrados por la retórica de los tiempos. Entienden que es la reacción de una persona a una cosa lo que determina qué poder tiene esa cosa sobre ellos. Y, cuando llega el momento de actuar, actúan con valentía, confiando en la fuerza del Espíritu.

Howard Thurman, un líder por los derechos civiles que inspiró a Martin Luther King, Jr., una vez escribió estas palabras:

> Las fuerzas activas en el mundo que parecen determinar el futuro y el destino de la humanidad parecen tan enormes, impersonales e insensibles para la voluntad y el deseo de cualquier individuo, que es fácil perder toda esperanza de tener un orden de vida para la humanidad sano y pacífico.
>
> Sin embargo, es urgente tener muy grabado en la mente la gran responsabilidad del individuo solitario de hacer todas las cosas con todo su corazón y con toda su mente, a fin de detener el desarrollo de la consecuencia del mal privado y personal resultante de la interacción de las fuerzas impersonales que nos rodean. Cancelar todo mal personal y privado entre usted y otro, poner su vida honestamente en el lado de algo bueno porque es bueno, y sin otra razón, es anticipar el reino de Dios al nivel de su actuación.[27]

Como hombre de color que vivió a finales del siglo XX, el Dr. Thurman tenía muchas razones para aceptar la desesperanza y entrar en una mentalidad de "nosotros" contrariamente a "ellos". Sin embargo, rehusó verse atrapado en cualquier actividad que etiquetara y denigrara. Para él, la lucha contra un mal impersonal se debe ganar en la intersección de personas reales. Así es como "anticipamos el reino de Dios al nivel de [nuestra] actuación". ¡Sorprendente!

¿Qué sucedería si oráramos e intercediéramos por personas reales como Jesús nos dijo? Nuestros insultos y nuestra condenación no los librará de sus pecados, pero cuando mediante la oración despertamos conciencia en nuestro hermano, él atacará su traición y enfermedad como solo él puede hacerlo: desde su interior.[28] Por eso deberíamos orar: por conciencia. Para que nuestra hermana tenga ojos para ver, oídos para oír, un corazón para percibir y entender. Incluso un atisbo de conciencia puede hacer que un alma comience a andar por el camino del arrepentimiento, el perdón, y la reconciliación.

El perdón no exige una comprensión perfecta de la falta. Solo hay que ofrecer el perdón. Es incondicional, pero para que tenga el efecto deseado, es necesario cierto nivel de conciencia. El perdón invita a la participación, un compromiso conjunto para vencer los poderes del distanciamiento, incluso cuando esos poderes se esconden en ambigüedades y una conciencia confusa. Por eso necesitamos que el Espíritu haga el trabajo que solo el Integrador puede hacer. La mayoría de las personas no pueden descifrar su vida interior. Y un alma que no ha aceptado el poder del perdón es un peligro para todos.

Y por eso oramos.

12

PERDÓN

"Sin perdón no hay futuro".
Desmond Tutu, *No Future Without Forgiveness*
(No hay futuro sin perdón)

"No puedo seguir condenando o aborreciendo a un hermano
por quien oro, sin importar cuántos problemas me cause".
Dietrich Bonhoeffer, *Life Together* (La vida juntos)

Tanto Jesús como Esteban, el primer mártir,[1] pasaron parte de sus últimos momentos orando por sus opresores. Para ser más específico, pidieron a Dios que perdonara a quienes les estaban matando… mientras les estaban matando. Pensemos en eso por un momento.

En el caso de Jesús, rogó al Padre que perdonara a sus torturadores porque no sabían lo que hacían; su ignorancia era motivo suficiente para su perdón. Desde luego que aquellos hombres sabían perfectamente cómo matar a personas, y basándonos en lo que leemos en las Escrituras, parecían haber convertido la muerte en un deporte con juegos y todo eso. Sin embargo, Jesús afirmó que ellos no sabían lo que hacían.

Miramos a Jesús y pensamos: *Claro que Él pudo perdonar como lo hizo. Él es Dios.* Sin embargo, en el caso de Esteban somos confrontados con un hombre como nosotros. Un hombre que servía mesas y hacía trabajos comunes para las viudas. Era simplemente uno de los hombres que se encontraba en el lugar equivocado en el momento equivocado. ¿O tal vez estaba en el lugar correcto en el momento correcto?

La vida de Pablo cambió en el camino de Damasco, pero yo creo que su liberación comenzó en la muerte de Esteban, en el momento en que Esteban perdonó a Pablo por matarlo. Se podría decir que Esteban entregó su vida por otra persona, exhalando perdón con su último aliento. Saulo (Pablo) aprobó la ejecución de Esteban, y más adelante pasó a escribir casi la mitad de los libros en el Nuevo Testamento.

En el momento de su muerte, Esteban no clamó pidiendo una justicia que fuera calculadora o punitiva. El hombre, *lleno del Espíritu Santo,*[2] estaba inmerso por completo en lo que en definitiva es real, y desde ese lugar no pudo hacer otra cosa sino clamar que su opresor fuera liberado de su opresión. Eso es justicia creativa. Justicia del reino.

Esteban no podía saber lo que sucedería ese día. Hubo persecución, ciertamente, pero nadie había intercambiado su vida por la oportunidad de compartir las Buenas Nuevas que estaban escritas en sus corazones debido a la vida, muerte y resurrección de Jesús. Sin embargo, este servidor de mesas empleó una retórica que no pudo ser refutada. Estaba lleno de gracia, de fe y de poder, y su vida interior estaba motivada por la Verdad inconmovible que se forja solamente en comunión con la Verdad. Distintos grupos de expertos religiosos entraron en escena para poner en su lugar a este hombre. *Pero no podían resistir a la sabiduría y al Espíritu con que [Esteban] hablaba.*[3]

Aquellos líderes religiosos se aferraban a lo que era más sagrado para ellos: su templo y su ley. Para ellos, esas construcciones sagradas representaban su poder y su promesa. Era un modo que tenían de aislarse del peligroso mundo gentil; sin embargo, Esteban era consciente de una historia mayor: la que Dios prometió a Abraham. Por eso Esteban comienza su historia con Abraham, y no Moisés. Hacia el final de su discurso, nuestro mártir cita al profeta Isaías:

El cielo es mi trono, Y la tierra el estrado de mis pies. ¿Qué casa me edificaréis? dice el Señor; ¿O cuál es el lugar de mi reposo? ¿No hizo mi mano todas estas cosas?
(Hechos 7:49-50; ver también Isaías 6:1-2)

Esteban les dice, entonces, que ellos resisten la obra del Espíritu, la obra de reconciliar a las naciones con el corazón del Padre, de predicar arrepentimiento y aceptación a todos los pueblos. Es un mensaje que los profetas conocían y entendían; algunos de ellos, incluso, murieron por ese mensaje. De manera curiosa, los profetas hablaban de las naciones siendo juzgadas y, sin embargo, de una forma o de otra salvadas mediante el juicio. Estas cosas no tienen sentido para los doctos; tales palabras confunden a los sabios, pero son verdaderas y la sustancia de una verdad sobre la cual podemos edificar nuestra vida.

Esteban había iniciado la conversación. Él podía oír la Voz. Al ver las cosas con claridad, sabía que el evangelio trastoca la religiosidad y la exclusividad. Las suyas eran palabras peligrosas. Dioses y religiones se guardan y conservan mejor en templos y rituales. Cuando lo santo entra en corazones y en hogares, las almas son liberadas del poder divisorio del pecado. Llegaría un día en el que sus palabras las adoptaría Pablo, el fariseo perdonado y reformado que pasaría la mayor parte de su vida reconciliando al forastero. Una vida empoderada por algunas de las últimas palabras de Esteban...

Señor, no les tengas en cuenta este pecado.

Me encanta la historia del hombre paralítico, que tenía los mejores amigos que se puede tener. Amigos que rompieron un tejado, probablemente el tejado del propio Jesús,[4] para que su amigo pudiera ser sano. Sin embargo, la historia habla de algo más que un tejado roto. Hay suposiciones sobre Dios, el pecado y el perdón que también hay que romper.

Cuando Jesús vio la fe de ellos, declaró: *Hijo, tus pecados te son perdonados.*[5] Deberíamos observar que "la fe de ellos" condujo al perdón de los pecados del hombre. Esto, sin duda, va en contra de nuestra perspectiva individualista del pecado y el perdón. Preferiríamos que el texto dijera: "Cuando Jesús vio la fe del hombre". Pero no dice eso, y hay un motivo.

El perdón y el pecado son asuntos compartidos. *Y perdónanos nuestros pecados, porque también nosotros perdonamos a todos los que nos deben.*[6] No vivimos en un vacío de nuestras propias decisiones. Nuestras vidas se intercalan con las de otros de todas las maneras posibles. El perdón es el tema central del evangelio porque es la senda de reconciliación con Dios, con nosotros mismos y con los demás. Es milagroso porque vence el poder desintegrador del pecado y libera el poder sanador del Espíritu.

"El perdón", escribe N.T. Wright, "se parece más al aire en los pulmones. Hay lugar solamente para que inhalemos la siguiente bocanada cuando acabamos de exhalar la anterior. Si insistimos en retenerla, el beso de la vida que necesitamos tan desesperadamente, no podremos tomar más y nos ahogaremos rápidamente".[7]

Si pasamos tiempo con alguien (incluidos nosotros mismos) que se está ahogando por la ofensa o la falta de perdón, comprobaremos que las palabras de Wright son correctas. Esas personas están ofendidas con su vecino, con el gobierno, con su ciudad, con su cónyuge, con sus compañeros de trabajo... la lista es cada vez más larga hasta que consume todo su mundo.

Perdonar es interrumpir el flujo de este mundo.

Hay un momento tras la resurrección de Jesús cuando Él se aparece y muestra sus cicatrices. Su mensaje a los discípulos fue sencillo: paz. Sin embargo, no es una paz como la del mundo, donde la parte más fuerte o más "correcta" o más inteligente, intimida a la más débil o incumplidora para que se someta. No. Este es un tipo de paz diferente, que viene solamente con el soplo del perdón.

Las manos, los pies y el costado de Jesús eran recordatorios para los más cercanos a Él de que lo dejaron solo cuando moría. Solamente el discípulo que se llamaba a sí mismo "el amado" estuvo allí cuando le hicieron esas marcas. Los otros lo abandonaron, lo traicionaron, o lo negaron. Tenían motivos para tener temor del

Jesús resucitado. Después de todo, era el mismo Jesús quien les dijo que si ellos lo negaban delante de los hombres, Él los negaría delante de su Padre.[8]

Sin embargo, Jesús les ofreció paz, integridad, *shalom*; y la prueba estaba en sus cicatrices. Él había peleado una batalla sangrienta contra el pecado, el quebrantamiento y la muerte; y ahora Él, el Príncipe de paz, invitaba a sus seguidores a conocer la paz con Dios y con el hombre, incluso mientras el fracaso de ellos seguía estando fresco. "Como el Padre me envió, así yo os envío".[9]

Normalmente, las cicatrices (en la mente, el corazón o el cuerpo) nos recuerdan que el mundo es peligroso y que deberíamos estar en guardia. Cada cicatriz cuenta una historia de abuso, abandono, traición o decepción; sin embargo, el cuerpo resucitado de Jesús demuestra que, en el Ahora eterno, nuestras cicatrices pueden volverse sagradas y santas, evidencia de su poder para sanar, restaurar y redimir.

Para enfatizar este momento, Jesús *sopló, y les dijo: Recibid el Espíritu Santo. A quienes remitiereis los pecados, les son remitidos; y a quienes se los retuviereis, les son retenidos.*[10] La palabra griega traducida como "sopló" no se encuentra en ningún otro lugar en el Nuevo Testamento, y en la Septuaginta (que es el Antiguo Testamento griego) solo se encuentra en Génesis 2:7, cuando sopló su vida en la humanidad. Ese era un momento en el que Jesús los invitó a unirse a su obra de nueva creación, una obra que sería soplada al mundo a medida que ellos inhalaran el poder integrador del Espíritu.

La parte aleccionadora de todo esto, sin embargo, es que Jesús les dijo que si se negaban a perdonar, estarían de algún modo obstaculizando o reteniendo al Espíritu. En otras palabras, negarse a perdonar sería negar el poder de la cruz, reduciendo las cicatrices de Jesús a nada más que carne rasgada. Aquellos discípulos a veces no lo entendían, pero incluso ellos sabían que retener el perdón no era en realidad una opción, una verdad que sus vidas dejaron claro tras esta interacción.

Jesús estaba dando los toques finales a una lección que llevaba años desarrollándose. Nuestro mundo se desintegra mediante violencia, odio y falta de perdón. Hay verdaderos pecados que fracturan y frustran nuestra humanidad, y solamente el poder del perdón definitivo puede hacernos libres para ver el quebrantamiento tal como es; solamente entonces podemos dirigir a las personas de regreso al Padre.

El hecho de que Jesús resucitara del sepulcro validaba lo que siempre había dicho acerca de sí mismo y su autoridad: Jesús es el reconciliador de todas las cosas, y si Él dice que los pecados de un hombre son perdonados, son perdonados. Si Él le dice a un cuerpo que sea sano, es sano. Si Él le dice a un monte que se mueva, se mueve. Y Él nos envía con su autoridad para hacer esa misma obra.

Pero a nosotros no nos gusta perdonar, pues parece como si estuviéramos dejando libre de culpa al otro. Como si toda la situación fuera una gran injusticia. Algunos retienen el perdón hasta que sienten que la persona obtiene lo que se merece. Sin embargo, hay un problema en eso. No somos capaces de medir lo que se merece una persona. ¿Acaso estamos fuera del tiempo? ¿Sabemos lo que hay en el corazón de una persona? ¿Podemos estar en todos los lugares al mismo tiempo? ¿Podemos determinar toda causa y efecto? ¿Acaso carecemos de prejuicio o preferencia?

La verdad aleccionadora es que dejamos de entender a la persona que condenamos. Condenar es hacer un juicio final, decir que hemos visto el final del camino para esa persona y no vale la pena ir allá. Solamente Dios, Aquel que ha visto el fin, puede hacer juicios finales. Nuestra parte es participar en el ministerio de reconciliación de Dios para así poder crecer en la verdad acerca de Dios, de nosotros mismos, y de los demás. Solamente entonces es cuando podemos juzgar para reconciliar.

La mayoría de nosotros juzgamos desde un lugar de dolor, frustración o decepción. Somos reivindicativos, punitivos, calculando en nuestro juicio. *¡Cómo se atreven a hacer eso! ¡Deben hacer las cosas bien!* Sin embargo, esos sentimientos negativos son sostenidos por la ilusión de que nuestro hermano o hermana *conoce* y se *beneficia* de lo que nos hace a nosotros. "La capacidad de hacer el mal o ser malo no es libertad sino una enfermedad", escribió Anthony de Mello, "pues conlleva una falta de conciencia y sensibilidad".[11] Podemos estar quebrantados y dañados por su maldad, pero su vida está atada perpetuamente por el poder destructor del pecado. Cuando vemos su conducta como una enfermedad que atormenta su alma, podemos responder con claridad y compasión. Es entonces cuando podemos orar: "Padre, perdónalos porque no saben lo que hacen".

Tener compasión significa literalmente *sufrir con*; por lo tanto, ¿podemos tener compasión hacia aquellos cuyo dolor de algún modo no se convierte en el nuestro?

Hace unas semanas atrás, compartí una cena con un amigo que estaba en la ciudad por algunos días. Nos vimos en un restaurante que utiliza mesas de picnic para fomentar que las personas se sienten juntas. Es un lugar popular y las mesas están juntas, dejando solamente centímetros entre ellas. Unos treinta minutos después de estar allí, un grupo nuevo se introdujo en la mesa que estaba a mis espaldas, chocando conmigo varias veces en el proceso. Sin embargo, apenas le di importancia porque, con las mesas tan juntas, ellos no tenían la opción de no chocarme. Pero unos minutos después, sentí un buen golpe en mi costado.

Me crie luchando con hermanos, de modo que no me importó mucho. Pensé que uno de los muchachos se emocionó contando una historia y perdió el control de su codo. Por lo tanto, seguí conversando con mi amigo. Unos minutos más tarde, sin embargo, se produjo otro golpe. Pensé: *Está bien. Tal vez este muchacho es un poco torpe y carece de consciencia espacial. Si lo hace otra vez, le diré algo.* Efectivamente, un par de minutos después, hubo otro golpe. A esas alturas yo estaba molesto y preparado para intercambiar unas palabras con ese tipo, pero tampoco intentaba comenzar una pelea. Me volteé lentamente para evaluar la escena a mis espaldas. En cuanto mi cabeza comenzó a moverse, noté que una señora de unos cuarenta años me estaba mirando. Era como si estuviera esperando que yo volteara mi cabeza. Me miró a los ojos, y expresó una disculpa: "Lo siento mucho, señor; tiene autismo".

De inmediato, mi frustración se convirtió en compasión. Era un espacio apretado, y ese entorno detonó al joven. También comprendí que probablemente estaba mostrando una respuesta adversa a los intentos de su mamá de calmarlo para que no me molestara, lo cual lo condujo inconscientemente a darme más golpes todavía. Lo mejor que yo podía hacer era asegurar a la mamá que estaba acostumbrado a recibir golpes y que podía manejarlo, mientras que (en la medida de lo posible) me moví un poco en el banco para darle a su hijo todo el espacio posible para su codo.

Gracias a Dios que fui consciente de la situación antes de actuar. Sin esa consciencia, habría hecho más daño a la mamá

del muchacho, al muchacho y a mí mismo. Otro punto a subra-
yar es que habría sido poco útil para mí quedarme donde estaba.
El muchacho necesitaba algo de espacio, y yo necesitaba retirarme
un poco, por así decirlo, por él y por mí mismo. Sin embargo, mi
retirada fue desde un lugar de compasión y no de enojo o molestia.
Hay veces en las que el perdón requiere que nos retiremos de la
presencia de alguien, porque esa persona se hace daño a sí misma
al dañarnos a nosotros. Pero incluso la retirada debería ser un acto
de compasión.

Cuando aceptamos la verdad de que nuestro hermano o hermana, como el joven con autismo, está sufriendo y no sabe lo que
hace, nos vemos obligados a llevar nuestro dolor y confusión al
Padre en oración. En este lugar de rendición compasiva, el Espíritu
nos da ojos para ver qué parte desempeñamos en su liberación.

El reino de Dios avanza en la intersección de la relación, razón por
la cual el perdón debe ser la senda central de formación humana.

Pero nuestro mundo busca establecer paz sin el difícil trabajo
del perdón. Tales esfuerzos hacia la reconciliación o la integración
se desmoronan porque no están construidos sobre el fundamento
del perdón de Dios y nuestra necesidad de ser perdonados. Roma
defendía la paz, la Pax Romana, pero ninguna paz puede perdurar
sin un compromiso común que sea motivado por la oración diaria
y la práctica del perdón.

Por favor, entiende que no estoy sugiriendo que simplemente
pasemos por alto el pecado. Perdonar es mirar fijamente al pecado
hasta que lo veas dentro de la verdad de la realidad definitiva.
Solamente entonces podrás oír la Voz y saber cómo responder.

No olvidemos que Pablo indicó a los corintios que expulsaran al hombre sexualmente inmoral y lo entregaran a Satanás para la destrucción de la carne.[12] Sin embargo, ese juicio se hizo desde un lugar de conciencia amoroso, pues Pablo pasó a decir: *a fin de que el espíritu sea salvo en el día del Señor Jesús.* La mayoría de los eruditos creen que, en una carta posterior, Pablo les dijo a los corintios que restauraran al hombre. ¿Cómo podía Pablo, desde lejos, entender los matices de una situación tan difícil? Por la oración.

Aquellos cuyas oraciones no son impulsadas por una revelación de la naturaleza del Padre y la promesa de su reino, batallan para perdonar. Para ellos, la vida es solo un gran libro de cuentas, y ellos están siempre en color rojo; y, como son prisioneros del color rojo, seguramente otros deben de serlo también. Por lo tanto, imponen la consciencia del rojo, asegurándose de que cada uno de nosotros conozca su lugar. Y, cuando no podemos pagar nuestras deudas, somos cancelados, rechazados, deshumanizados y condenados para siempre; o al menos hasta que podamos pagar lo que debemos. Pero ¿cómo puede cualquiera de nosotros saber verdaderamente lo que debe? ¿Cómo podemos medir los efectos de nuestros pecados? El efecto desintegrador del pecado no es singular o pequeño. La Escritura habla de él en términos de generaciones, naciones, pueblos, tierras.

El reino de Dios está establecido sobre la justicia, pero no puede haber justicia sin perdón. Pensamos en la justicia en términos determinantes, pero hacerlo es tener en demasiada estima nuestra habilidad para evaluar el corazón del hombre o las profundidades de su pecado. Claro que podemos juzgar al hombre por su fruto, y la Escritura nos dice que lo hagamos, pero cualquier juicio debería ser considerado incompleto e inadecuado. Hacemos lo mejor que podemos con lo que tenemos, y deberíamos abandonar cualquier argumento que nos diga, aparte del Espíritu, que podemos saberlo todo.

Echemos un vistazo rápido a 1 Corintios 13, el famoso capítulo sobre el amor que a menudo oímos citar tantas veces en bodas y leemos en tarjetas de agradecimiento. Para describir el amor, Pablo emplea alguna de su prosa más hermosa e imágenes más gráficas; sin embargo, hay una parte del capítulo 13 que en general no se cita. Es la parte que habla de que conocemos en parte y profetizamos en parte. Preferimos pensar de nosotros mismos como personas que conocen y profetizan de manera completa, especialmente en asuntos políticos y religiosos. Pero tal vez el único modo de experimentar la hermosa y trascendente belleza de 1 Corintios 13:1-8 es creer el versículo 9. Quizá la humildad y la gracia que vienen con creer que conocemos en parte nos abre a las realidades del amor y la unidad.

Pablo continúa diciendo que como adultos debemos dejar atrás las cosas de niños, sabiendo que vemos como en un espejo oscuramente. En otras palabras, no nos vemos a nosotros mismos, la situación, a la otra persona con claridad. Y por eso oramos: *Amado Dios, danos ojos para ver lo que está sucediendo aquí. Espíritu de verdad, envíanos a toda la verdad, ayúdanos a descansar en la seguridad de que algún día conoceremos plenamente tal como somos conocidos. Mientras tanto, enséñanos los caminos del cielo, y que seamos personas de fe, esperanza y amor… almas seguras en nuestro entendimiento parcial, sabiendo que descansamos en los brazos de la Verdad.*

Ni siquiera Jesús condenó a la mujer que fue agarrada en el acto de adulterio. Le dijo que aceptara el perdón y dejara atrás el pecado. Nosotros expresamos mezquindad, juzgando y dividiendo, porque nos sentimos juzgados y fracturados. Hay un motivo por el cual los ángeles declararon paz en la tierra, buena voluntad para con los hombres. No creemos que eso sea verdad, pues nos sentimos juzgados y fracturados. La división es demasiado real para nosotros. La maldición ha hecho su trabajo; sin embargo, Jesús envió al Integrador para unir nuestros corazones y que así podamos elevarnos por encima de las hostilidades de este tiempo. Oramos en el Espíritu para saber que esto es verdad. La oración nos conecta con otros de maneras que no tienen sentido.

Mi abuelo era un hombre duro, el tipo de persona de la que los niños se alejan porque siempre huele como si acabara de bañarse en cigarrillos y whisky. Su novia, que tenía una voz ronca, me ponía los cabellos de punta, pero en realidad él me caía bien, y quería caerle bien él.

El abuelo Joe era la única persona en mi familia que no se consideraba un seguidor de Cristo. De hecho, era bastante expresivo acerca de cuán estúpidos éramos todos por creer esas tonterías. En una ocasión estaba de visita en la ciudad, y mi mamá lo convenció para que asistiera a un servicio religioso. Mi mamá se lo dijo emocionadamente a su pastor, y le pidió concretamente que hiciera un llamado al altar para que así Joe pudiera entregar su vida a Jesús. El pastor estuvo de acuerdo e hizo todo lo que pudo para incitar una respuesta por parte de Joe. Pues bien, obtuvo su respuesta. Joe se levantó, dijo unas malas palabras y quejas dirigidas a toda esa gente local, y después salió de la iglesia con miles de personas observándolo.

Así era mi abuelo.

Joe era el hijo de inmigrantes de Sicilia, y su vida era bastante colorida. Se fue de la casa de sus padres cuando era solamente un muchacho, mintió para unirse a la Marina, y más adelante jugó un tiempo al fútbol en la universidad. También hubo algunas incursiones con la mafia que siguen estando poco claras (y lo dejaremos así). Finalmente, entró en el campo de la construcción y el desarrollo, e hizo una pequeña fortuna, pero lo perdió en todos sus divorcios y su estilo de vida tan difícil.

Mi mamá lo amaba y quería que estuviéramos en su vida, de modo que manejábamos un par de horas para ir a visitarlo durante un par de horas. En su casa él siempre tenía dulces que a mí me encantaban. Mis hermanos y yo jugábamos en el apartamento o encontrábamos un lugar para jugar afuera. A medida que me fui haciendo mayor, observé que mi abuelo nunca dejaba de beber. También me asombró que ya no trataba a mi mamá de un modo apropiado de tratar a cualquier mujer, especialmente a su hija. Desde ese momento en adelante, no podíamos visitar al abuelo sin que fuera también mi papá.

Debido a que mi abuelo vivía a un par de horas de distancia, algunos días lo llamábamos para asegurarnos de que nuestra visita encajara en su horario. Siguiendo el protocolo habitual, planeábamos una visita que le fuera bien al abuelo; sin embargo, cuando llegamos a esa hora, no hubo ningún saludo sino solamente una nota en la puerta. Parece que él no quería vernos y había decidido acudir a la botella desde temprano en su bar favorito. Mi mamá estaba furiosa. Se requiere mucho trabajo para ir a cualquier parte con una familia de seis personas, y habíamos empleado ese día solamente para encontrar una nota en la puerta. Ella intentaba estar tranquila, pero yo podía sentir su dolor. No dejaba de disculparse ante todos nosotros, como si todo lo que su papá hubiera o no hubiera hecho fuera en cierta medida culpa de ella. Toda la situación parecía equivocada y confusa.

Mi familia se mudó finalmente a Colorado, y el abuelo Joe no tuvo que preocuparse porque fuéramos a visitarlo. De hecho, yo nunca vi de nuevo ese apartamento.

Más de una década después, le dije a mi mamá que quería visitar a Joe. En realidad, no puedo explicar por qué, pero estaba convencido de que podía conducirlo a Jesús. Íbamos a viajar a Florida para el cumpleaños de mi otro abuelo, de modo que mi mamá y yo, junto con mi esposa y mi hijo recién nacido, nos desviamos para visitar al abuelo Joe, a quien su novia controladora había abandonado, y ahora vivía en un centro para pacientes con demencia inducida por el alcohol.

La última década había afectado mucho mi abuelo. Ya no era el hombre fuerte que yo conocía, había perdido su habilidad para conversar, y algunas veces tenía los ojos vidriosos; sin embargo, durante un momento de lucidez, mi mamá sacó fotografías de mi niñez y me señaló. Él intentó señalarme a mí, y después a las fotografías, entonces otra vez a mí. Yo sonreí y dije: "Sí".

En ese momento, mi mamá sabía que tenía su atención. Yo no lo sabía en ese momento, pero ella oró a Dios y le pidió las palabras correctas para compartir con esa alma en el umbral de la muerte. Más adelante, ella nos dijo que el Espíritu le dijo: "Dile que fue un buen papá".

Aquel día observé a mi mamá rodear a su padre con sus brazos y decirle que fue un buen papá. A mí me sorprendió lo que le dijo. Era el padre que había dejado de mostrarle afecto cuando ella perdió uno de sus ojos debido al cáncer. Era el padre que engañó a su madre y abandonó a mi mamá y a su hermano menor. Al ser el hijo mayor de mi mamá, había visto más al abuelo, conocía las historias, la traición y el abuso. *¿Está diciendo ella realmente lo que creo que está diciendo?*

Pero negué mi necesidad de explicar lo que estaba sucediendo, y me permití a mí mismo estar presente en el momento. Joe comenzó a temblar, a llorar, y a besar las manos de mi mamá.

El hombre duro que se había forjado en un país que no lo quería; cuya madre se prostituía en su propia casa para sostener a sus hijos; el hombre que vio cosas en la guerra que no podía dejar de recordar; que fumaba, bebía, y era un mujeriego desde su adolescencia, cambió su dolor por una ternura que yo nunca antes había visto.

Entonces, él dijo las únicas palabras que oímos de sus labios durante toda esa visita: "Muchas gracias".

La roca había sido aplastada.

Yo sabía que era mi momento. Me acerqué a él, puse mis manos sobre él y oré las palabras que él no podía pronunciar. Fue uno de los momentos más sagrados de mi vida. Mis palabras eran la continuación del soplo de Jesús cuando él sopló el poder del perdón a sus discípulos. Hasta la fecha, no puedo escuchar o compartir esta historia sin que las lágrimas recorran mis mejillas.

Mi abuelo vivió un año más, y era conocido como el hombre más agradable que había. El Espíritu había hecho lo que solamente el Espíritu puede hacer.

Nuestro Padre se llevó al abuelo Joe a casa.

Para concluir el capítulo, quiero que visitemos una parábola que Jesús contó en Mateo 18.

Es una historia sobre dos sirvientes y un amo. El primer sirviente se encuentra desesperadamente metido en una deuda. Para utilizar cifras reales, debía a su jefe alrededor de diez mil millones de dólares. Sí, leíste correctamente la cifra.

Al no tener oportunidad de pagar su deuda, el sirviente le ruega a su amo que sea paciente con él y le conceda más tiempo para pagar. El sirviente se engaña al pensar que más tiempo significará una gran diferencia. Sus oportunidades de desarrollar alas y tocar el cielo son casi las mismas de poder pagar toda la deuda; sin embargo, de todos modos suplica más tiempo (en el siglo primero, un hombre podía ser encarcelado por tener una deuda así, y su familia vendida a la esclavitud para ayudar a liquidar lo que debía).

Lo asombroso es que el amo no le da más tiempo; sabe que su sirviente nunca podrá pagar la deuda, de modo que perdona la deuda, aunque el hombre no pidió perdón. ¿Captaste eso? El hombre no pidió perdón. De hecho, veía toda la situación como una transacción, lo cual significa que se fue de la presencia de su amo creyendo que, de un modo o de otro, se merecía ser perdonado. De algún modo extraño, calculó que lo que había hecho el amo era a la vez razonable y necesario. La deuda era una injusticia para él, de modo que lo adecuado era que fuera liberado de su peso. Después de todo, su amo es un hombre rico y puede permitirse liberarlo de la deuda.

Sintiéndose justificado en su libertad, el sirviente se encuentra inmediatamente con otro sirviente que le debe el salario de cien días y demanda que ese hombre le pague lo que le debe. Ahora bien, seamos claros: esa no es una cantidad pequeña, ¡una tercera parte del salario de un año! Imagina si alguien te debiera una tercera parte de tu salario anual. En términos calculables, el sirviente tenía razones para estar molesto y buscar el remedio. Desde luego, su consiervo ruega que le dé más tiempo, prometiendo pagarle lo que le debe, pero el sirviente no perdonador ignora su clamor y lo sentencia a la cárcel hasta que esté pagada la deuda.

Cuando otros sirvientes vieron lo que el primer sirviente había hecho, reportaron los detalles a su amo, el cual llamó a ese sirviente no perdonador y lo denunció como malvado porque se había negado a perdonar a su consiervo. Deberíamos observar que el amo no llama malvado al sirviente porque tenía una deuda inmensa con él; lo llamó malvado porque no participó en la misericordia y el perdón. Ese punto es fundamental.

El amo, entonces, entrega al hombre a los torturadores hasta que pague toda su deuda. Es probable que en tu Biblia leas "carceleros" en lugar de "torturadores", pero "torturadores" es la mejor traducción. En ese tiempo, la práctica de torturar a los deudores que habían sido vendidos como esclavos era un modo de motivar a los familiares y amigos del ofensor para que comprasen su libertad, poniendo fin a la tortura. Era un equilibrio: los amigos y la familia del ofensor sufrían hasta que la balanza quedara equilibrada, motivándolos a saldar la deuda de su ser querido.

Sin embargo, el problema es que la deuda del sirviente no perdonador es impagable. Ni siquiera los esfuerzos colectivos de sus familiares y amigos cambiarían eso; la deuda seguía siendo impagable. Eso, sin duda, significa que la negativa del hombre a perdonar le causaría sufrimiento no solo a él, sino también a los más cercanos a él.

¿Acaso no es cierto eso de la falta de perdón? Cuando no perdonamos, quienes más pagan son las personas más cercanas a nosotros. La falta de perdón es una cárcel, pero "perdonar es liberar a un prisionero y descubrir que el prisionero eras tú".[13]

Si nos aferramos a la falta de perdón, no podemos ser personas de justicia, porque viviremos siendo ignorantes. Cuando escogemos esa senda, lo más misericordioso que el Padre puede hacer es entregarnos a los torturadores hasta que nuestra deuda sea pagada.

Solamente en el fuego, el sirviente no perdonador puede descubrir que *no puede* pagar su deuda. Tal vez entonces se deshará de sus derechos y entregará su yo quebrantado a Aquel que mejor lo ama. Quizá entonces escuchará a la Voz. Como Pablo les dijo a los corintios: "el tal sea entregado a Satanás para destrucción de la carne, a fin de que el espíritu sea salvo en el día del Señor Jesús".[14]

Pero en ti hay perdón, Para que seas reverenciado.

(Salmos 130:4)

Según Jesús, el perdón es un asunto de vida y muerte. Al ser quien era (y es), Jesús sabía que batallaríamos con todo el asunto del perdón, de modo que no se ahorró palabras: si queremos escuchar la Voz, debemos recibir y dar perdón, permitiendo que sus capacidades de sanidad renueven nuestras almas, dignifiquen nuestro dolor y dirijan nuestras palabras.

13

PRUEBAS, TENTACIONES Y GOZOS

Las palabras de Jehová son palabras limpias, Como plata refinada en horno de tierra, Purificada siete veces.
—Salmos 12:6

"Un tiempo salpicado de interés, herido por la tragedia, agrietado con alegría; ese es el tiempo que parece largo en el recuerdo. La tranquilidad no tiene marcas para ponerle una duración. De la nada a la nada no hay tiempo".
John Steinbeck, *Al este del Edén*

Una amiga me dijo una vez que le encantan los desiertos de la vida.

Yo le dije que estaba loca o confundida.

"No te gustan los desiertos", respondí, "solamente te gusta lo que hacen en ti".

"No", replicó ella. "Me gusta el desierto. Es entonces cuando me siento más viva, sintiendo cada respiración; es cuando descubro quién soy y de lo que soy capaz. Es donde mis sentidos y mi sensación de propósito cobran vida. Es donde la fe y la esperanza introducen nuevas facetas del amor de Dios".

Yo quería discutir con ella, pero había algo en mi interior que me decía que ella tenía razón. Cuando la mayoría de nosotros echamos la vista atrás a nuestras vidas, vemos que muchos puntos de referencia memorables y significativos se forjaron en medio del dolor. Decimos cosas como: "Estoy agradecido ahora por esa temporada, pero nunca querría volver a vivirla". Por lo tanto, seguimos adelante, haciendo todo lo que podemos para que nuestra vida sea todo lo cómoda, predecible y segura como sea posible, utilizando inconscientemente nuestras oraciones para allanar y opacar el paisaje de la vida. Pensamos que orar "no nos metas en tentación, mas líbranos del mal" es un lenguaje especial que nos mantiene lejos del sufrimiento.

Después de todo, somos criaturas frágiles con cuerpos y mentes que fácilmente son quebrantados o dañados. Paracaídas y airbags, vacunas y vitaminas, hacen todo lo posible por preservar y prolongar la ilusión de la inmortalidad; sin embargo, la mayoría de los días hay algo peligroso o perturbador que tiene su manera de recordarnos que somos polvo y al polvo volveremos. Como nos dice el sabio del libro de Eclesiastés, toda nuestra batalla es *hebel*, un vapor incorporado en los vientos de la existencia, perdido en las arenas del tiempo. O como lo expresa Santiago: *neblina que se aparece por un poco de tiempo, y luego se desvanece.*[1]

Todas estas palabras acerca de vapor, polvo y tierra pueden deprimir y reprimir nuestro espíritu, causando que nos alejemos y busquemos el camino de menor resistencia. Y, cuando las cosas no salen como queremos, somos tentados a entregarnos al temor y el enojo contra Dios y contra los demás. Este temor, que en definitiva es el temor a la muerte, es lo que el escritor de Hebreos denomina *toda la vida sujetos a servidumbre*.[2] Sin importar lo mucho que intentemos escapar a sus tenazas, este amo encuentra un modo de encerrarnos... para bien.

Sin embargo, el autor de Hebreos también nos dice que la muerte y su temor no son definitivos, que la muerte de Jesús destruyó a la muerte, librándonos de su temor.[3]

En la cruz, toda forma de muerte es tragada en la Vida.

Ahora podemos orar con confianza porque el evangelio redefine la muerte y la vida, el dolor y la alegría, la prueba y el triunfo. Lo que antes era nuestro destino (muerte) se ha convertido ahora en nuestra liberación. Sin embargo, para que sepamos que eso es verdad debemos tomar nuestra cruz y seguir el camino descendente de Jesús, incluso cuando nos lleve a las llamas del sufrimiento. Solamente allí es cuando veremos y conoceremos al Fuego consumidor, porque Jesús dice: "todos serán salados con fuego".[4] Moriremos de aquello a lo que no muramos.

Si alguno quiere venir en pos de mí, niéguese a sí mismo, tome su cruz cada día, y sígame. Porque todo el que quiera salvar su vida, la perderá; y todo el que pierda su vida por causa de mí, este la salvará. Pues ¿qué aprovecha al hombre, si gana todo el mundo, y se destruye o se pierde a sí mismo?

(Lucas 9:23-25)

En este momento es tentador creer que Dios, en ocasiones, nos abandona a nuestro dolor.

Todos hemos tenido esos momentos cuando una pérdida, un fracaso, una decepción o un diagnóstico hace que nuestra idea de Dios se quebrante desde el interior. Incluso Jesús, citando a David, clamó: *¿Por qué me has abandonado?*,[5] dejando claro que una parte íntima de la experiencia humana está viajando por la sensación de abandono. Una verdad que marcan muchos de los salmos.

Sin embargo, la historia de la Escritura también nos dice que Dios es consciente de nuestro dolor y lo conoce muy bien, incluso cuando nos sentimos muy lejos de Él. El Padre, el Hijo, y el Espíritu, a su propia manera, examinan las profundidades del sufrimiento humano y cósmico. Nada se fractura o se rompe sin su conocimiento, y toda desorientación de mente, cuerpo y espíritu conduce a orientaciones nuevas: nuevas creaciones, por así decirlo, que son más permanentes y más veraces que sus predecesoras.

Cuando Pablo escribe acerca de la era venidera en 1 Corintios 15, dice claramente que lo perecedero debe revestirse de lo imperecedero: que el proceso redentor de Dios nos conduce a realidades que son solamente más hermosas y auténticas. En este periodo, nuestras vidas puede que sean sembradas en debilidad, pero siempre serán levantadas en poder. Cualquier conversación acerca de tentaciones, pruebas y gozos debería tener en mente estas promesas porque, sin ellas, nuestra fe es fútil y en vano.

Cuando Jesús nos enseña a orar: *no nos metas en tentación, mas líbranos del mal*, nos está enseñando, por medio de la oración, a contender y batallar con diferentes dimensiones de dolor y liberación, especialmente cuando la liberación parece un sueño imposible considerando nuestra condición o lucha presente. Sin embargo, para aquel que cree y persevera en la oración, la salvación es definitiva. Llegará el día en que el bien, en todos los aspectos, triunfará sobre el mal.

La pregunta es esta: *¿En cuánto de ese día, y de esa realidad final de bendición, podemos participar y participaremos en el aquí y ahora?* El quebrantamiento de nuestro mundo y las potestades de las tinieblas que hay detrás están en guerra contra la Vida y la Luz de los Santos. Por eso se nos dice que oremos los unos por los otros en la autoridad y la seguridad de un reino eterno que está definido por la justicia, la paz y el gozo. "Líbranos" es una petición colectiva (*nosotros*), una oración que nos une con las batallas y los dolores de nuestros hermanos y hermanas, dándonos ojos para ver y saber lo que debemos hacer de rodillas y con nuestras manos. Hay una interconexión que se produce solamente por medio de la oración, y esa es una de las principales razones por las que la Escritura nos insta a orar los unos por los otros.

Cuando contendemos para obtener liberación del mal, nos recordamos a nosotros mismos que, aunque puede que batallemos en el dominio de la humanidad, seremos librados de su destrucción y final definitivos. Que incluso los mayores ataques del enemigo deben transformarse en señales de la gloria de Dios. Es en esta lucha contra el mal, mediante oración y acción, como nos convertimos en personas de fe, conectando los puntos y viendo la obra redentora de Dios a nuestro alrededor.

Es necesario que a través de muchas tribulaciones entremos en el reino de Dios.[6]

En la famosa parábola del sembrador, el mismo sol que da vida a la semilla también la abrasa. La única diferencia es el tipo de corazón en el cual crece la semilla.

El relato que hace Marcos de esta parábola deja claro que el sol es sinónimo de *la tribulación o la persecución por causa de la palabra.*[7] O sea, igual que el sol se eleva por encima de una semilla, así también la persecución y la tribulación se elevan a medida que nuestros corazones tienen una vislumbre de la realidad del reino de Dios. Vale la pena repetir que el sol nutre, pero también abrasa. Lo que da vida también la toma. Solamente mediante la oración es como los matices de esta verdad quedan arraigados en nuestras vidas, volviéndose reales para nosotros. Cuando la semilla de la Verdad está arraigada en nosotros, las pruebas que abrasarían la semilla le ayudan a crecer y desarrollarse.

La palabra griega que se traduce como "tentación" (*peirasmos*) en la Oración, puede traducirse también como "prueba", diciéndonos que las pruebas y las tentaciones, por naturaleza, están unidas de modo indisoluble. Una prueba es lo que sucede cuando nuestro mundo parece desencajado, convirtiéndose en un obstáculo para nuestra cordura, comodidad y seguridad. La tentación que sigue es reordenar las cosas según nuestro propio diseño para contrarrestar la prueba. Somos tentados a utilizar medios que no son conforme a la Escritura para enderezar las cosas difíciles. Nos sentimos solos, de modo que decidimos manipular y desear. Nos sentimos poco apreciados, de modo que cedemos al orgullo y la autosuficiencia. Las pruebas de la vida hacen que nos preguntemos: *¿realmente sabe Dios lo que está haciendo? Cuando se trata de mi paz y bienestar, ¿acaso no debería ocuparme yo mismo?*

Si profundizamos un poco más, si miramos más de cerca *peirasmos*, descubrimos que se define como "un intento de aprender la naturaleza o el carácter de algo".[8] A primera vista, esa definición parece un poco extraña, pero cuando pensamos acerca de lo que hacen por nosotros las pruebas, nos damos cuenta de que son un lugar de profundo aprendizaje y consciencia. En una ocasión escuché definir el sufrimiento como lo que sucede cuando nuestra idea de la realidad se choca con la realidad misma. Supongo que la desorientación es parte del crecimiento.

La pregunta es la siguiente: ¿qué haremos cuando estemos desorientados?

¿Nos humillaremos y reconoceremos que no hay mucho acerca de nosotros, de Dios, y de este mundo que necesite ser aprendido y desaprendido? ¿Permitiremos que Dios redima el dolor de la prueba dejando que nos enseñe la verdadera "naturaleza o carácter de algo"? ¿Permitiremos que la oración nos reoriente?

Pablo, en una de sus cartas a la iglesia corintia, nos promete:

No os ha sobrevenido ninguna tentación que no sea humana; pero fiel es Dios, que no os dejará ser tentados más de lo que podéis resistir, sino que dará también juntamente con la tentación la salida, para que podáis soportar.

(1 Corintios 10:13)

Observemos que la salida no es la ausencia de tentación, sino más bien nuestra capacidad de soportar o trascender a la tentación. En este sentido, la tentación (prueba) se convierte en la senda de la formación piadosa. Es así como crecemos en carácter y capacidad, mientras al mismo tiempo sabemos que, si la enfrentamos, podemos lograrlo.

Cuando oramos que Dios "no nos meta en tentación", en cierto sentido estamos declarando por fe que la tentación o la prueba *no es la meta o el fin*. La palabra griega *eis*, traducida como "en", implica ir hacia una meta o un lugar, de modo que cuando oramos "no nos metas en", estamos reconociendo por la fe que la tentación es precisamente donde no nos quedaremos solos. Esta oración, y toda oración de este tipo, es un recordatorio para todos de que hay algo más allá y tras la tentación. Lo que está más allá del dolor es sanidad, belleza, perfección, promesa, intimidad.

Si te sientes consumido por una tentación o una prueba, quiero asegurarte que la prueba tiene una fecha límite. La tristeza, el dolor, la decepción y la desesperanza que parecen consumirnos y no tener fin, deben doblar su rodilla ante el amor eterno y perfeccionador de Dios, un amor que se vuelve real para nosotros por medio del poder de la fe y la esperanza. Por eso, Santiago pudo escribir: *Hermanos míos, tened por sumo gozo cuando os halléis en diversas pruebas, sabiendo que la prueba de vuestra fe produce paciencia. Mas tenga la paciencia su obra completa, para que seáis perfectos y cabales, sin que os falte cosa alguna.*[9]

Aunque la tristeza dure toda la noche, el gozo llegará en la mañana.

Antes de seguir avanzando, es importante dejar claro que no necesitamos salir en busca de nuestras pruebas, pues ellas ya tienen su manera de encontrarnos y librarnos de nuestras dudas, temores, inseguridades y de nuestro orgullo. Regresando a la parábola del sembrador, no es nuestra responsabilidad ni somos capaces de hacer que salga el sol por causa de nuestras almas.

Solamente un espíritu religioso busca y crea su propia aflicción. Al hacerlo, nos pone a cargo de nuestro proceso. Dios no necesita que te lo pongas difícil a ti mismo. La fragilidad y el quebrantamiento de este tiempo proporcionará ya bastante lucha, una lucha que no es rival para el Espíritu de gracia, Aquel que nos da poder en cada prueba.

Pedro, un hombre que conoció un gran sufrimiento, escribió: *Mas el Dios de toda gracia, que nos llamó a su gloria eterna en Jesucristo, después que **hayáis padecido un poco de tiempo**, él mismo os perfeccione, afirme, fortalezca y establezca.*[10] Observemos que Pedro describe el sufrimiento como "un poco de tiempo". En la perspectiva de la eternidad, el sufrimiento es un vapor, pero Dios tiene una gloria eterna que *Él mismo* nos dará. ¡Qué promesa!

Cuando oramos promesas como esta, somos llenos de fe y encontramos la valentía y la capacidad de mirar las cosas como verdaderamente son, "porque la fe no es un salto de salida de lo cotidiano, sino una zambullida en su profundidad".[11] Una zambullida en lo que es más real acerca de nuestro pasado, presente y futuro.

Nada de eso es fácil, pero lo fácil es en raras ocasiones lo mejor o lo importante. Incluso Jesús sudó sangre cuando tuvo palabras con el Padre y miró a la cara al sufrimiento que estaba por llegar. En el huerto del renacimiento, el Hijo preguntó si había otro camino, mientras se sometía al proceso intermitentemente humano (pero redentoramente divino) de llegar a ser lo que nosotros somos ya mediante el dolor y el sufrimiento, dejando claro que la oración no es un mecanismo para escapar del momento; es la senda hacia el momento.

El Padre está cerca de los quebrantados de corazón. El dolor no puede silenciar la Voz.

Cuando las Escrituras mencionan dolor y tristeza, tienen un modo curioso de elevar también nuestra mirada a la promesa de gozo y alegría, llegando incluso a decir que el gozo del Señor es nuestra fortaleza en la prueba.[12]

El gozo es una de esas cualidades celestiales del tipo que no tiene mucho sentido a menos que conozcamos el gran secreto. No es lo mismo que felicidad, la cual es bastante fácil de entender. Suceden cosas buenas, y estamos felices. Las circunstancias son favorables, y estamos felices. Sin embargo, pienso en la alegría como desafiante, como la gentileza más irrazonable. Supongo que tomo prestado ese lenguaje del apóstol Pablo:

Regocijaos en el Señor siempre. Otra vez digo: ¡Regocijaos!
*Vuestra **gentileza** sea conocida de todos los hombres. El Señor*
está cerca. (Filipenses 4:4-5, énfasis del autor)

Este es uno de esos momentos en las Escrituras cuando debemos preguntarnos si Pablo ha perdido la cordura. Después de todo, este hombre está en una cárcel escribiendo sobre el gozo y la alegría. Qué ironía. Tal vez lo han apaleado con varas demasiadas veces; o ¿podría estar escribiendo estas palabras con los dientes apretados y mordiéndose la lengua un poco?

Sin embargo, al examinar con más detenimiento estos versículos, vemos que no es un sentimiento forzado; estos versículos, y la idea más amplia de la que son parte, tienen una simetría hermosa y auténtica.

En primer lugar, se nos dice que nos regocijemos siempre, sin guardar nuestra alegría para cuando las cosas van bien o cuando las cosas salen como queremos. Y, para que no pensemos que fue un lapsus con la pluma, repite la enseñanza: *Otra vez digo: ¡Regocijaos!*.

Muy bien, Pablo, estamos escuchando.

Lo que viene a continuación es casi tan asombroso como lo anterior: "Vuestra gentileza sea conocida de todos los hombres". En otras palabras, Pablo está diciendo que es irrazonable no participar en el gozo. O, para decirlo de otro modo, cualquier cosa que no sea motivada por el gozo es irrazonable.

Si te pareces en algo a mí, probablemente estés pensando: *Claro que habrá excepciones*, pero la palabra "siempre" no deja lugar a dudas. Lo más razonable que podemos hacer, siempre, es ser personas de gozo y alegría.

Por lo tanto, ¿cómo funciona eso? ¿Cómo podemos regocijarnos siempre?

Pues bien, Pablo no tenía intención de dejarnos a oscuras y no decirnos más. Sigue escribiendo: *El Señor está cerca*. Para él, la promesa de la cercanía de Dios produce gozo. Una promesa que, en algunos aspectos, parece demasiado sencilla para resultar de utilidad; sin embargo, lo más sencillo es normalmente lo mejor; y, para Pablo, podemos vivir con gozo constante sencillamente porque el Rey y el reino siempre están cerca. Este gozo no está limitado a la transitoriedad de lo cotidiano; está arraigado en la verdad eterna de que lo temporal y aterrador, finalmente se rendirán a la paz y el propósito del reino eterno de Dios.

Nosotros, mediante el poder del Espíritu de Dios, Aquel que trasciende al tiempo, podemos encontrar el gozo del reino incluso en el dolor del presente. Podemos permitir que nuestra tristeza sea tragada por el gozo que ha de llegar, sin negar el dolor del momento. Las emociones más maduras son, en realidad, las que surgen de dos verdades que están en tensión. Nos gozamos porque "el nuevo mundo ha de nacer mediante nuestro dolor presente".[13] El dolor es parte del nacimiento, un indicador de que sin duda está a punto de surgir nueva vida.

En cierto modo, el gozo es lo que nos lleva del presente al entonces, del dolor a la promesa. El gozo tiene su modo de abrir nuestros ojos y oídos a lo que es verdad en última instancia. Fue el gozo, después de todo, lo que motivó el viaje de Jesús a la cruz. Es la única respuesta razonable si creemos lo que dicen Jesús y Pablo.

Pero ¿dónde encontramos la fortaleza para creer que tal gozo es posible? ¿Cómo cultivamos una fe en lo invisible que es más real que la cárcel de dolor que tenemos ante nuestros ojos? ¿Cómo podemos escuchar la Voz entre nuestros gritos de desesperación? ¿Cómo sabemos que el Señor ciertamente "está cerca"?

Pablo nos da la respuesta. De hecho, nos la da muchas veces, en diferentes cartas. Veamos aquí tres relatos, y observemos que en cada una de estas cartas la senda del gozo llega con la oración.

*Regocijaos en el Señor siempre. Otra vez digo: ¡Regocijaos! Vuestra gentileza sea conocida de todos los hombres. El Señor está cerca. Por nada estéis afanosos, sino sean conocidas vuestras peticiones delante de Dios **en toda oración** y ruego, con acción de gracias.*

(Filipenses 4:4-6, énfasis del autor)

*Gozosos en la esperanza; sufridos en la tribulación; **constantes en la oración**.* (Romanos 12:12, énfasis del autor)

*Estén siempre alegres, **oren sin cesar**, den gracias a Dios en toda situación.*

(1 Tesalonicenses 5:16-18 NVI, énfasis del autor)

La oración es lo que nos conecta con lo que realmente está sucediendo. Quienes son constantes en la oración simplemente ven las cosas de modo diferente, y no pueden evitar vivir con cierto brillo en sus ojos y gratitud en sus corazones, sin importar lo que la vida lance a su camino. Este modo de vida no se construye sobre el engaño, la negación o la ignorancia. Conectados con el corazón del mundo, no pueden evitar sentir pérdida y dolor más profundos que cualquier otra persona, y por eso son los mejores para viajar con otros hacia y en la aflicción.[14]

Podemos y deberíamos hacer luto por la muerte y la pérdida, pero eso no significa que tengamos que aferrarnos a ellos (o ser atenazados por ellos) con un candado de hierro. Por ahora, alegría y tristeza deben ir juntos, porque la alegría sabe que la muerte debe llegar e irse en primer lugar. Que en nuestro dolor y prueba presentes estamos siendo renacidos: para el tiempo que llegará, sí, pero también para el momento presente. Ni siquiera el aguijón de la muerte puede robar nuestro gozo, porque aunque el gozo es eterno, la muerte se repliega sobre sí misma, perdiendo su poder.

Por lo tanto, podemos dar gracias en toda circunstancia. Observemos, sin embargo, que Pablo no nos dice que demos gracias *por* toda circunstancia. No estamos agradecidos por el dolor en sí, sino que sabemos que también será redimido, y por eso estamos agradecidos. Nuestra gratitud se basa en la fidelidad y el carácter de Dios, y no en nuestro momento de prueba o tentación. Tenemos la seguridad de que Dios mismo nos liberará de cada prueba, y esa es razón suficiente para tener gozo.

Gran parte de lo que he escrito puede parecerte absurdo o ajeno, y eso se debe a que en gran parte hemos minimizado la importancia y la centralidad del gozo en la vida del seguidor de Cristo. El gozo se considera a menudo un sentimiento juvenil o impropio de quienes se toman en serio la vida y el trabajo; sin embargo, en medio de una discusión sobre asuntos de comida y bebida, puntos de contención por los que las personas han perdido las relaciones, Pablo nos recuerda que el reino de Dios no se trata de esas cosas, sino más bien de justicia, paz, y gozo en el Espíritu Santo.[15]

El modo en que Pablo utiliza la palabra *justicia* en su carta a los Romanos, expresa la idea de pertenencia o unión familiar. Y debido a que pertenecemos (porque Dios nos ha hecho para sí mismo y los unos para los otros, creándonos de modo diferente para hacernos complementarios), podemos estar en paz con Dios y con los hombres. No tenemos que esforzarnos para intentar demostrar lo que ya somos o desaprobar lo que el otro no es. Debido a que vivimos una vida de justicia y paz, lo único razonable que podemos hacer es ser personas de gozo, lo cual une nuestros corazones y conecta nuestras vidas.

No olvidemos que Jesús nos dijo que permanezcamos en la realidad de su amor, el amor que Él comparte con el Padre, para que su gozo esté en nosotros y nuestro gozo sea cumplido.[16] La vida del reino es una vida de gozo. Un regreso al Edén, que literalmente significa disfrute o deleite, es el camino del reino. ¿Crees que es por accidente que Dios utilice un lenguaje de celebración (gozo) para describir el reino?

Podemos recibir la palabra (la semilla) en mucha aflicción, pero podemos y debemos hacerlo con el gozo del Espíritu.[17] Hay un motivo por el cual el fruto del Espíritu es amor que se manifiesta en gozo, entre otros atributos. Me encanta que la primera y última expresión del fruto del Espíritu (resumido en el amor) sean gozo y dominio propio. No me digas que Dios no tiene sentido del humor. Quien tiene gozo puede tener dominio propio, y quien tiene dominio propio debe tener gozo. De otro modo, entenderíamos mal todo esto. Solamente pensemos en el número de personas que han negado la realidad de nuestra fe debido a la ausencia de nuestro gozo.

En su libro *He That Is Spiritual* (Quien es espiritual), Lewis Sperry Chafer le dio una vuelta al sentimiento antigozo sostenido comúnmente entre la élite espiritual. "La espiritualidad no es una pose devota. No es un 'no harás'; es 'harás'. Abre las puertas de par en par hacia la bendición eterna, las energías y los recursos de Dios. Es grave quitar el elemento de la relajación y el juego de cualquier vida. No podemos ser normales físicamente, mentalmente o espiritualmente si descuidamos este factor vital en la vida humana. Dios ha provisto para que nuestro gozo sea completo".[18]

Cuando arrecian las llamas de la vida, ya sea de modo interno o externo, es fácil creer que nos hemos hecho eso a nosotros mismos. Olvidamos apagar el horno, y por eso la casa quedó reducida a cenizas. Suenan las sirenas, todo está perdido, y es culpa nuestra. O tal vez somos una de esas personas que niegan vehementemente la complicidad, incluso cuando estamos ahí con fósforos o una pistola humeante en las manos. Siempre hay otra persona a quien culpar del caos; nosotros simplemente somos víctimas de la locura.

La verdad es que somos a la vez villano y víctima. Nacemos en un mundo quebrantado, pero también realizamos nuestra propia parte de quebranto. Y, en lo profundo de nuestro ser, sabemos que eso es cierto.

Tal vez eres una persona que cree que está fuera del alcance de la esperanza, que las pruebas y las tribulaciones de la vida son justicia poética. Pertenecen a tu vida, y tú a ellas, de modo que ¿por qué deberías orar pidiendo liberación cuando tú mismo has creado esa maldad? No tendrás palabras con Dios porque no crees que Él se acercará a tu caos.

Sin embargo, la verdad es que Dios te atrae otra vez hacia sí mismo, incluso cuando parece que la vida te está destruyendo.

La pregunta es: ¿soltaremos todo lo que es contrario a la vida y, por lo tanto, contrario a Dios? El Padre, en su misericordia, prueba nuestros corazones y nos lleva a la noche oscura del alma. En este lugar de rendición, el dolor de nuestro quebranto ayuda a liberarnos del fariseísmo y la autosuficiencia, y somos motivados a contemplar (y ser contemplados) otra vez por el Padre, viendo el rostro de justicia de Dios, y escuchando la Voz de maneras nuevas.

A lo largo de las Escrituras vemos lo que Eugene Peterson denomina la gran paradoja del juicio de Dios, que la maldad se convierte en combustible en el horno de la salvación.[19] Es tentador creer que cualquier maldad está más allá del alcance de la soberanía de Dios; sin embargo, Dios es el Señor sobre la maldad, y se nos promete la liberación de su tenaza, sea cual sea la forma que esa maldad pueda adoptar.

Nosotros hemos participado en la corrupción de este mundo, y Dios nos ha invitado a participar en su salvación; a atacar las puertas del infierno, como Jesús lo expresa.[20] Sin embargo, nuestra misión no es posible si nos acobardamos ante el mal o lo negamos. Al final, en Cristo, triunfamos sobre la muerte y el Hades; por lo tanto, no debemos acobardarnos en nuestras oraciones. El Padre nos librará del mal. Esa es la visión de la esperanza piadosa, el poder de la fe, y la seguridad del Amor.

Hay un momento en el pequeño libro de Joel cuando el día del juicio estaba sobre el pueblo. Llegó el juicio en forma de un ejército, uno que las Escrituras describen como de incalculables tinieblas y oscuridad.[21] Este ejército es un agente del juicio de Dios.

A medida que se desarrolla la historia, parece que no hay ninguna esperanza a la vista. El pueblo ha pecado, y debe enfrentar el azote de sus pecados; sin embargo, en el versículo 12 del capítulo 2, la narrativa da un giro brusco. Con tres palabras, Dios lo cambia todo. Por eso. Pues. Ahora.

Se le dice al pueblo que, si se arrepienten, se alejan de sus caminos y claman a Dios, "por eso, pues, ahora" Él transformará el desastre y los librará de sí mismos. Para citar al profeta: *¿Quién sabe si volverá y se arrepentirá y dejará bendición tras de él?*.[22] Una bendición tras la estela del juicio. Triunfo después de la tentación.

Este es nuestro Dios. No hay nadie como Él. Cuando las pruebas pesan sobre tus hombros y el mal te rodea, quiere que tengas palabras con Él. Por eso, pues, ahora, Él tiene palabras de vida para ti.

No nos metas en tentación… líbranos del mal.

14

EN EL NOMBRE

¿Quién subió al cielo, y descendió? ¿Quién encerró los vientos
en sus puños? ¿Quién ató las aguas en un paño?
¿Quién afirmó todos los términos de la tierra? ¿Cuál es su
nombre, y el nombre de su hijo, si sabes?
—Proverbios 30:4

Santificado sea tu nombre.
—Lucas 11:2

Cuando hablamos con otras personas, nos gusta conocer sus nombres. Hay algo en los nombres que hace que las personas sean genuinas. Las conversaciones tienden a volverse incómodas cuando no se intercambian los nombres o se olvidan, por no mencionar que se considera grosero no interesarse lo suficiente para saber o recordar un nombre. Los pronombres y los identificadores impersonales pueden llevarnos hasta cierto punto. Si queremos establecer una conexión, deben intercambiarse nombres.

Entonces, ¿qué tiene que ver todo esto con la oración? Aparentemente, todo. Jesús nos dijo que oráramos *en su nombre*; supongo que ese es el motivo por el que muchas oraciones terminan con la frase "en el nombre de Jesús". Sin embargo, más allá de ser una manera hermosa de concluir una oración y pasar a cualquier cosa que llegue a continuación, deberíamos preguntarnos: *¿qué significa orar en el nombre de Jesús?*

Hay un relato famoso en las Escrituras que implica a un hombre, una zarza y un nombre. Moisés estaba haciendo lo que hacía cada día: cuidar de las ovejas, cuando de repente vio una zarza ardiente que no se consumía. Se supone que las zarzas no arden, de modo que Moisés rechazó su rutina normal para ver ese espectáculo. Hay muchas posibilidades de que conozcas la historia, de modo que no mencionaré todos los detalles, pero hay un momento en la historia que es crucial para nuestra comprensión del nombre de Dios y de lo que significa orar en el Nombre.

Hablando desde la zarza, la Voz se presenta y le dice a Moisés: Yo soy el Dios [Elohim] de tu padre.   (Éxodo 3:6)

Lo que ocurre es que "Elohim" era un poco genérico, usado de modo parecido a como nosotros usamos el término *dios* o *dioses* actualmente. A pesar de cuán emocionado estaba Moisés porque Dios le estaba hablando, quería conocer más acerca de Aquel que estaba detrás de la Voz, especialmente porque a él, un criminal y marginado a quien le resultaba difícil hablar, le estaban pidiendo que volviera a presentar a una nación a un Dios que los había abandonado a la esclavitud por cientos de años. Para Moisés, "Elohim" no bastaría; quería más.

Si ellos me preguntaren: ¿Cuál es su nombre?, ¿qué les responderé?

(Éxodo 3:13)

Hay una sutileza en el texto que no queda captada por la traducción en español. Cuando Moisés pregunta: "¿Cuál (*mah*) es su nombre?", la palabra traducida como "cuál" es diferente al pronombre hebreo (*mi*) que normalmente se utilizaba al preguntar por un nombre. Utilizar *mah* es viajar más allá de meros sonidos e inquirir en la naturaleza, significado o sustancia de un nombre. Es averiguar lo que define a una persona. Es como si Moisés preguntara a Dios: "¿Quién y qué eres tú en realidad?".

La Voz responde: "Yo seré el que seré", o "YO SOY EL QUE SOY"[1].

En otras palabras, Dios promete que su nombre es una certeza que se despliega, suficiente para cada momento o situación y, sí, eso incluye la liberación y la salvación de naciones. Para Moisés, aquel día el Nombre tenía la promesa de que el poder y la presencia de Dios inundaban cada lugar, incluso Egipto. Un hecho que pronto sería evidente mediante muchas señales y maravillas, triunfos y pruebas. Según Dios, su nombre sería recordado "por todas las generaciones"[2] porque en él todas las cosas, viven, se mueven, y tienen su ser.

Durante gran parte de este libro hemos visto cómo nos enseñó Jesús a orar, hemos visitado el Evangelio de Mateo y su versión del Padre Nuestro. La versión de Mateo es la que usamos en la liturgia y oramos, pero hay un matiz en el Evangelio de Lucas que nos ayuda a entregar nuestras oraciones al Nombre que está detrás de la Voz.

En los Evangelios de Mateo y Lucas, el centro y la fuerza de la Oración están en el carácter o la naturaleza de Dios. Él es el Padre y el Santo (santificado sea *tu nombre*), y toda oración debe construirse sobre este cimiento eterno. Los dos relatos pueden diferir en estilo, pero ambos están de acuerdo en que el nombre de Dios es la sustancia de la oración. Lucas, sin embargo, lleva esta revelación un paso más allá siguiendo la Oración con una historia, retándonos a ver el Nombre con una mirada nueva.

Nos adentraremos en el idioma griego por un momento. Prometo que valdrá la pena.

Esta historia, que en realidad es una parábola, tiene dos personajes principales: un padre que duerme y un amigo que tiene necesidad. En griego, esta parábola se construye como dos estrofas invertidas con seis unidades cada una, y la simetría es a la vez hermosa e intencional. La primera estrofa (Lucas 11:5-9) plantea una situación hipotética. Parafraseada, podría decir algo parecido a lo siguiente:

¿Puede alguien imaginar tener un amigo y acudir a él a medianoche con una petición sagrada para un huésped, y el amigo entonces ofrece excusas tontas y dice que no puede levantarse y darle algo?

Lucas esperaría que el lector respondiera: "Claro que no. Eso estaría muy mal". Deberíamos recordar que negar tal petición en el mundo de Lucas deshonraría a cualquiera que lo hiciera. El huésped era la responsabilidad de la comunidad; se esperaba tanto del que duerme como del que pide, que respondan como puedan. El honor de la comunidad (su nombre) estaría en juego. Si no eran hospitalarios, todos serían objetos de vergüenza.

Tras plantear ese escenario absurdo, Lucas para a la segunda estrofa, preparando la escena para su punto crucial. Aquí se produce una división de la estrofa, con cada una de las seis unidades ubicadas en su propia línea. Por causa de la claridad, también he incluido el tema de cada unidad entre paréntesis:

Si él no le da (quien duerme)
Habiéndose levantado (quien duerme)
A causa de ser su amigo (quien duerme)
Se levantará (quien duerme)
Por causa de su *anaideia* (quien duerme)
Y le dará lo que necesite (quien duerme)

Observemos el patrón lingüístico y estilístico. Cada una de estas unidades debería situar la acción en quien duerme, quien en esta parábola representa a Dios y cómo responde a nuestras oraciones. El reto está en que la mayoría de las traducciones hacen un lío con este pasaje porque no saben qué hacer con *anaideia*, una palabra griega que se encuentra en la quinta unidad.[3] Esta palabra a menudo se traduce erróneamente como persistencia o atrevimiento, de modo que se aplica a quien pide (nosotros) porque sería extraño, en este contexto, que Dios (quien duerme) fuera el persistente.

La erudición reciente ha revelado, sin embargo, que *anaideia* no tiene nada que ver con las cualidades positivas o negativas de la persistencia.[4] Ahora bien, ¿es bueno ser persistente en la oración? Claro que sí. La persistencia nos prepara para la petición; sin embargo, no es ese el punto de esta parábola, ni tampoco la idea más importante que la rodea. La palabra *anaideia* expresa realmente evitar la vergüenza, haciendo que sea equivalente al asunto del honor, el cual resulta ser el clímax temático de las dos estrofas.

Lucas, en ambas estrofas, está preparando un escenario que, si se maneja mal, causará deshonra y vergüenza a los personajes de la parábola.

Con eso en mente, regresemos al error de hacer del que pide (nosotros) el sujeto de la unidad. Cuando se trata de oración, tendemos a hacernos nosotros mismos el héroe (o el villano) de la historia. *Ojalá hubiera orado más, o con más tenacidad, o de modo diferente.* Sin embargo, repito que esta parábola no habla de nosotros en última instancia. Sí, debemos pedir, buscar, y contender por causa de su nombre, pero Jesús usa esta parábola para darnos perspectiva sobre la naturaleza sagrada de Dios, un Dios que Él mismo promete darnos no solo lo que pedimos, sino también todo lo que necesitamos. La simetría de las otras cinco unidades deja claro que, cuando se trata de la oración, la cuestión del honor se sitúa en Dios. Es su nombre el que está en juego. Para Lucas, la palabra *anaideia* cuenta la historia del honor de Dios, de su palabra. No del nuestro.[5]

El punto principal que establece Jesús aquí culmina en la promesa de que, si vecinos malos perderán tiempo de sueño para evitar la vergüenza, ¡cuánto más el Padre celestial dará el Espíritu Santo a quienes lo pidan (v, 13)! En otras palabras, el Espíritu de Dios, su vida misma, por así decirlo, se promete a quienes se atreven a llamar, buscar, entender, pedir. A quienes invocan su nombre.

Cuando oramos "en el nombre de Jesús", no estamos usando un lenguaje mágico que de una forma o de otra asegura que nuestras oraciones sean respondidas. Más bien, cuando oramos en su nombre, estamos confrontando la peligrosa y a la vez reconfortante certeza de que "él es quien él es" y que cada una de sus respuestas, a pesar de la forma que pueda adoptar la respuesta, es por el honor de su nombre.

Se han creído muchas cosas acerca de Dios, de su naturaleza y de su nombre, pero Jesús nos dice que vemos al Padre a través de Él. Jesús tiene una intimidad perfecta con el Nombre, porque el Nombre es el suyo propio: "Yo y el Padre uno somos".[6] Y Él nos dice que, al orar en el Nombre, expresamos la realidad, autoridad y seguridad de Aquel que "sustenta todas las cosas con la palabra de su poder".[7]

Cuando oramos: "Santificado sea tu nombre", nos recordamos a nosotros mismos que Dios es inmanente y trascendente. Ahora y entonces. Aquí y allí. El Dios trino es de una esencia o un nombre, a la vez que actúa como personas distintas. Las tres personas de la Deidad son el corazón de la Danza Divina, y sus movimientos dan vida a todo lo que está sustentado por su nombre. Nosotros hemos de ser uno con el Padre, tal como el Hijo y el Espíritu son uno con Él. Esa fue la oración del Hijo, ¿recuerdas?

Padre santo, a los que me has dado, guárdalos en tu nombre, para que sean uno, así como nosotros.

(Juan 17:11, énfasis del autor)

Nosotros participamos en esta unión mediante la oración, la cual nos despierta a cómo se desarrolla el amor eterno de Dios en nuestra vida diaria. Incluso el significado original de la palabra *teología* comunicaba una unión con Dios mediante la oración. Orar en el nombre de Jesús sitúa el misterio de "Yo seré quien yo seré" delante de nuestros ojos, de modo que podamos aprender a ver a Aquel que nunca deja de obrar por nosotros, y oír la Voz que nunca deja de llamar. Jesús dijo que el Espíritu Santo sería enviado en su nombre y en el nombre del Padre, que el Espíritu de verdad nos arraigaría en la verdad, ayudándonos a entender lo que está por encima de nosotros, dándonos valentía para dar un paso de fe y unirnos a la Danza. Y también nos permitiría iniciar la conversación para que podamos escuchar las palabras que más anhelamos escuchar.

El Espíritu mediante quien oramos es Señor del cañón.

El Hijo en quien oramos es Señor del templo.

El Padre a quien oramos es Señor de la danza.

Es una oración de fe, fe en la naturaleza trina de Dios, revelada en el Hijo y sustentada por el Espíritu, la que nos conduce a lo que es verdad acerca del Padre. "Es mediante el Espíritu", escribió Andrew Murray, "como el Nombre, que es sobre todo nombre en los cielos, tomará el lugar de supremacía en nuestros corazones y nuestra vida también".[8]

Jesús es la Palabra de Dios. Aquel en quien todo lo verdadero encuentra su hogar. Tenemos vida en su nombre porque su nombre se ha convertido en el nuestro: Él es el Santo, y nosotros somos los santos. Él es el Hijo amado, y nosotros somos sus hermanas y hermanos, amados por el Padre. Hasta el grado en que entendamos que esto es cierto, podremos orar en la autoridad, la autenticidad y la permanencia de su nombre.

El nombre de Jesús, el Nombre que es sobre todo nombre, tiene la última palabra en asuntos de vida y muerte, de nosotros y ellos, de misericordia y juicio, de gracia y verdad. Su nombre es lo que siempre ha sido verdad sobre Dios: Padre, Hijo y Espíritu. El Nombre de Dios se despliega en la narrativa bíblica, adoptando forma y carne perfectas en Jesús de Nazaret: Aquel en quien oramos es la intersección de lo que es, en última instancia, verdad acerca de Dios y de nosotros. Orar en el Nombre es confrontar cualquier mentira en cualquier lugar que intente decirnos otra cosa, porque todo engaño es y será deshecho por su nombre.

El mundo comenzó con la Palabra, el *logos* o la Verdad de todas las cosas. Entonces, la Verdad estableció su tabernáculo o habitó con nosotros, fusionando tiempo y espacio, inmanencia y trascendencia. Dios y el hombre. Cuando oramos en el Nombre, el reino de Dios se hace más claro para nosotros. Vemos su evidencia incluso en la oscuridad del cañón. Incluso en el dolor, al orar en el Nombre es como aprendemos lo que es verdad acerca de Dios, de nosotros mismos y de los demás. Por eso la vida está en el Nombre.

Aquel que es Vida preguntó a sus seguidores: "¿Quién decís que soy yo?".[9]

Había muchas opiniones acerca de cómo debería llamarse a Jesús: hereje, maestro, charlatán o profeta, por nombrar algunas. Sin embargo, Jesús miró a los más cercanos a Él, preguntándoles qué nombre asignarían ellos al artesano hacedor de milagros de Nazaret.

Fue entonces cuando Simón dijo: *Tú eres el Cristo, el Hijo del Dios viviente.*[10] O el Hijo del YO SOY (el Nombre). Jesús pasa a decirle a Simón que tal revelación estaba más allá del hombre y solo podía provenir del Padre celestial. También le pone a Simón el nombre de Pedro, declarando que la *ekklesia* (iglesia) sería edificada sobre él y esta revelación. Que la *ekklesia* sería aquellos que son llamados por el Nombre. La palabra *ekklesia* viene del griego *ek* ("origen") y *kaleo* ("nombrar o llamar"); literalmente, expresa la idea de que somos llamados y renombrados según el origen, llamados a la familia de Dios.

Jesús, entonces, declara que las puertas del infierno, personificando la ceguera de la idolatría, el pecado y la acusación, no prevalecerán contra esta revelación. Hemos de atacar la oscuridad porque somos hijos de la Luz. Nuestra confianza está en la bandera de su nombre, el Nombre que se ha convertido en propio porque también nosotros somos renacidos de lo alto. Tenemos las llaves del reino. Ninguna puerta puede permanecer cerrada ante nosotros cuando vivimos y oramos en el poder de su nombre.

En el Nombre hay

Vida (Juan 20:31)
Perdón (Hechos 2:38)
Restauración (Salmos 23:3)
Sanidad (Hechos 3:6)
Fortaleza (Marcos 9:39)
Autoridad (Filipenses 2:10)
Poder (Salmos 106:8)
Amor (1 Juan 3:23)
Valentía (Hechos 9:27)
Salvación (1 Corintios 1:2)
Liberación (Hechos 16:18)
Confianza (Hechos 21:13)
Unidad (1 Corintios 1:10)
Justificación (1 Corintios 6:11)
Gratitud (Colosenses 3:17)
Gloria (2 Tesalonicenses 1:12) ...el Nombre es todo lo que necesitamos.

Esta revelación, creciendo en su corazón, condujo a Pedro a escribir que ahora somos participantes de la naturaleza divina.[11] Esta bendita certeza hizo que Juan escribiera que el *sperma* (la simiente) de Dios permanece en nosotros, redimiéndonos y restaurándonos como hijos e hijas.[12] Supongo que finalmente lo entendieron cuando Jesús les dijo que debía ascender a "mi padre y a vuestro padre".[13] Como pertenecemos al Nombre y el Nombre a nosotros, lo llevamos en medio de la oscuridad, donde toda sombra debe transformarse en señales de gloria. Pertenecemos al Nombre porque somos personas del templo, capturadas en la Danza que no conoce límites. Porque

Se acordarán, y se volverán a Jehová todos los confines de la tierra, Y todas las familias de las naciones adorarán delante de ti. (Salmos 22:27)

Cada vez que oramos en el Nombre, declaramos nuestra herencia como hijos e hijas, los Santos que somos administradores de la buena creación de Dios. La creación espera de puntillas a que sepamos que esto es verdad. Incluso ahora, presta su voz al canto y se mueve hacia la Danza.

Los cielos cuentan la gloria de Dios...Por toda la tierra salió su voz, Y hasta el extremo del mundo sus palabras. (Salmos 19:1,4)

Con confianza, podemos iniciar la conversación, siendo valientes para mirar cada momento como sagrado.

Me encanta lo que dice Jesús acerca de lo que ocurre cuando nos reunimos en su nombre: *donde están dos o tres congregados en mi nombre, allí estoy yo en medio de ellos.*[14] Hay resonancia cósmica cuando nos reunimos en su nombre, porque la comunión del Espíritu está con nosotros siempre. La Voz de Dios nunca está en silencio. Habla por medio de personas y lugares, en el silencio y en el sonido. Habla en misterio y en claridad, porque ambos son necesarios ahora. Dios no solo oye nuestras palabras; Él está en ellas: enseñándonos a expresar lo que es más verdadero sobre nosotros, nuestra esperanza, nuestro dolor, nuestros anhelos y nuestra carencia. Podemos, mediante el poder integrador del Espíritu, ser quienes se unen a la Danza, incluso en el cañón.

Si la esencia de la oración es el acto de Dios obrando en nosotros y elevando todo nuestro ser a sí mismo, que lo es, entonces al orar en el Nombre nos rendimos a la inmensidad de ese acto "imposible", el milagro de Dios recreándonos en el poder de YO SOY.

La Voz tiene la última palabra sobre nuestra vida, y Él nos llama suyos. Su nombre es sobre todo nombre: pecado y vergüenza, enfermedad y desastre, lo secular y lo sagrado. La Palabra sopla vida a nuestras palabras, revelando lo que significan a la luz de la eternidad. Como escribe C.S. Lewis: "Señor, ahora sé por qué no pronuncias respuesta. Tú mismo eres la respuesta. Ante tu rostro, las preguntas se disipan. ¿Qué otra respuesta bastaría? Solo palabras, palabras; lanzadas para batallar contra otras palabras".[15]

Conocer el Nombre es participar en el poder y la permanencia de Dios.

El Dios que está en todo lugar.

El Dios que ve.

El Dios que provee.

El Dios que sana.

El Dios que perdona.

El Dios que pelea por nosotros.

El Dios que habla.

Orar en el Nombre es dar a la Voz, quien tiene un nombre, la última Palabra.

NOTA DEL AUTOR

He pasado años trabajando en este libro; sin embargo, tengo la sensación de que mi trabajo acaba de comenzar. Mi corazón y mis manos están motivados por un deseo de conocer en mayor medida la vida integrada de cercanía e intimidad con Dios, la promesa de *shalom*, el camino de la Danza, y ayudar a otros a hacer lo mismo.

Por ese motivo, me gustaría iniciar la conversación contigo, apreciado lector, e invitarte a acercarte a mí con cualquier pensamiento, historia e idea para servir y apoyar a otros en su búsqueda de conexión con Dios. También me gustaría escuchar cómo y por qué te habló este libro. Soy un poco huraño y no paso mucho tiempo en plataformas sociales, pero aquí tienes mi dirección personal de email. Doy la bienvenida a tus palabras.

Atentamente,

Addison D. Bevere

addison@wordswithgod.org

RECONOCIMIENTOS

Al amor de mi vida y guardiana de la mayoría de mis palabras, este libro nunca se habría producido sin ti, Juli (ese Día de la Madre en Dollywood lo fue todo para mí). Es el gozo de mi vida declarar que soy tuyo y recorrer este camino contigo. "Gracias" se queda corto.

A mis hijos, Asher, Sophia, Elizabeth y Augustus, gracias por su paciencia, apoyo y disposición a responder mis preguntas y compartir sus historias. No tienen idea de lo mucho que sus oraciones nocturnas y sus palabras de aliento significan para mí. Me encanta ser su padre.

A Andrea, tu positividad y firmeza a lo largo de este proyecto me asombraron. "Confía en el proceso". Y tu idea de dividir el manuscrito en tres partes marcó la diferencia, lanzando con fuerza los capítulos finales. Es un honor contarme a mí mismo como uno de tus autores.

A mis padres, John y Lisa, ustedes modelaron la oración y la consagración de maneras hermosas y diferentes. Gracias por ser pioneros y forjar nuevas sendas para quienes llegan detrás de ustedes. Su fidelidad a Dios y el uno al otro es inspiradora.

A mis hermanos Austin, J. Alexander, y Arden: gracias por ser los mejores hermanos que cualquiera podría pedir. Gran parte de lo que soy ahora ha sido moldeado por ustedes y en presencia de ustedes.

A Chris, Scott, Heather, y mis camaradas en Messenger International: trabajar y orar con ustedes ha ampliado mi mundo. Gracias por el apoyo, la retroalimentación y la creatividad que invirtieron en este proyecto. No se habría producido sin ustedes.

A Jen, Mark, Brianna, Laura, Eileen, Sadina, Julie, y el equipo de Baker: su entusiasmo y compromiso con este libro marcó la diferencia. Me encantó su colaboración, y estoy muy agradecido por el modo en que guiaron este trabajo hasta su forma terminada.

A Esther y el equipo en FEDD Agency: este libro tiene vida debido a su fe, apoyo y defensa. Gracias por hacer posible lo imposible. Todos sus viajes, llamadas, emails y mensajes de texto allanaron el camino. ¡Lo logramos!

A quienes escribieron endosos: gracias por sus palabras tan amables, personales y generosas. Cada uno de ustedes tiene muchas demandas en su tiempo, de modo que su inversión de palabras me dice mucho.

A mis queridos amigos, familia y mentores que no he mencionado: la necesidad de brevedad no es mi amiga ahora, de modo que debo refrenarme de enumerar nombres (por no mencionar que me aterra la idea de no incluir a alguien que debería ser mencionado). Pero ustedes saben quiénes son, y estoy profundamente agradecido de que Dios haya entrecruzado nuestras vidas. Gracias por ser mi gente.

NOTAS

CAPÍTULO 1: LA VOZ

1. Karl Barth, *Watch for the Light* (Walden, NY: Plough Publishing, 2014), p. 137.
2. Paráfrasis de Juan 12:28–30.
3. Ver Génesis 3 y Romanos 8.
4. Gary V. Smith, *The New American Commentary: Isaías 1–39, Volumen 15A (New American Commentary) (Volume 15)* (Nashville: Holman Reference, 2007), p. 191.
5. Romanos 8:26–27,34.
6. Ver 1 Corintios 2:16.

CAPÍTULO 2: EN EL SILENCIO

1. Ver Mateo 11:28–30.
2. Paráfrasis del autor de Jueces 6:11–13.
3. Romanos 4:13–25.
4. Filipenses 2:12–13.
5. Romanos 8:26.
6. Ver Eclesiastés 3:11.
7. Ver ejemplos en Hebreos 11.

CAPÍTULO 3: LA ORACIÓN

1. Yonat Shimron, "Most Americans Believe in a Higher Power, but Not Always in the God of the Bible", *Washington Post*, 25 de abril de 2018, https://www.washingtonpost.com/news/acts-of-faith/wp/2018/04/25/most-americans-believe-in-a-higher-power-but-not-always-in-the-god-of-the-bible/.

2. Eugene Peterson, *As Kingfishers Catch Fire: A Conversation on the Ways of God Formed by the Words of God* (Colorado Springs: Waterbrook, 2017), p. 285.

3. Elizabeth Barrett Browning, *Aurora Leigh*, libro 7 (1856).

4. Ver Éxodo 19.

5. Éxodo 20:21.

6. Ver Romanos 8:1–4; 2 Corintios 3:4–6.

7. Ver Éxodo 19:6.

8. Ver también Salmos 40:6–8; 50:16–17; Isaías 1; Oseas 6; Amós 5; y el comentario de Jesús sobre que desea misericordia en lugar de sacrificios en Mateo 9:13; 12:7.

9. Ver Mateo 23:4; Proverbios 29:18.

10. Tertuliano, Cipriano y Orígenes, *On the Lord's Prayer: St. Vladimir's Seminary Press Popular Patristics Series*, trad. Alistair Stewart-Sykes (Yonkers, NY: St. Vladimir's Seminary Press, 2004), p. 42.

11. Paul Tillich, *The New Being* (Lincoln: Bison Books, 2005), p. 148.

CAPÍTULO 4: LO QUE LLAMAMOS DIOS

1. N. T. Wright, *The Lord and His Prayer* (Grand Rapids: Eerdmans, 2014), p. 10.

2. Mateo 7:11.

3. Bauer, W., F. W. Danker, W. F. Arndt, y F. W. Gingrich, *Greek-English Lexicon of the New Testament and Other Early Christian Literature*, 3rd ed. (Chicago: University of Chicago Press, 2000), s.v. ponēros.

4. Ver Lucas 20:18.

5. Ver Hechos 14:22.

6. Ver Juan 16:33.

7. Mateo 23:9.

8. Hebreos 4:12.

9. Ver Hebreos 2:11; 4:14–16.

10. Mateo 5:4.

11. Juan 14:9; Colosenses 1:19.

12. Mateo 4:3, 6.

13. Juan 17:23, 26.

14. Juan 3:16.

15. Juan 13:35.

16. Ver Juan 5:19.

17. Juan 1:12, énfasis del autor.

CAPÍTULO 5: VER EL REINO

1. N. T. Wright, *Galatians: Commentaries for Christian Formation* (Grand Rapids: Eerdmans, 2021), p. 12.

2. Ver Juan 1:29–34, 35–52; 2:1–12, 13–22.

3. Juan 3:2.

4. Marcos 11:17.

5. Ver 1 Corintios 4.

6. Mateo 23:13.

7. Paráfrasis de Mateo 23:15.

8. Juan 12:31–33.

9. Tillich, *The New Being*, p. 177.

10. Juan 2:19.

11. Ver 1 Corintios 3:16–17.

12. Lucas 17:21.

13. Gálatas 3:27–29.

14. Dallas Willard, *The Spirit of the Disciplines: Understanding How God Changes Lives* (New York: Harper Collins, 1988), p. 214.

15. Ver Mateo 23:8–12.

16. Ver 2 Corintios 5:17–20.

17. Juan 3:17.

18. Marcos 8:18.

19. Ver Mateo 6:22–23.

20. Juan 1:4.

21. Ver vv. 18, 22, y 27.

CAPÍTULO 6: INICIAR LA CONVERSACIÓN

1. Ver Salmos 37:23, NTV.

2. Ver 1 Corintios 10:31.

3. Ver Salmos 139:18.

4. Ver Juan 5:19.

5. Willard, *The Spirit of the Disciplines*, p. 31.

6. Ver 1 Corintios 6:15–20.

7. 1 Timoteo 4:7–8.

8. Hechos 24:16.

9. Esta es la traducción usada en Hechos 24:16, RVC.

10. Filipenses 2:12, NTV.

11. 2 Corintios 7:1.

12. Mateo 26:41.

13. 1 Juan 2:29; 3:7; 3:10.

14. Dallas Willard, *The Great Omission: Reclaiming Jesus's Essential Teachings on Discipleship* (New York: Harper Collins, 2006), p. 61.

15. Ver Santiago 1:21.

16. Juan 1:1, 14.

17. Willard, *The Spirit of the Disciplines*, p. 138.

18. Apocalipsis 12:11.

19. Ver Salmos 116:17, NTV.

20. Proverbios 4:26.

21. James Allen, *As A Man Thinketh* (Longmeadow Press, 1993), p. 30.

22. Ver Romanos 12:2.

23. Ver 2 Corintios 10:5.

CAPÍTULO 7: EL INTEGRADOR

1. Carl R. Trueman, *The Rise and Triumph of the Modern Self: Cultural Amnesia, Expressive Individualism, and the Road to Sexual Revolution* (Wheaton: Crossway, 2020), p. 141.

2. Salmos 19:1–2.

3. Ver 2 Corintios 3:17–18.

4. Ver Gálatas 5:22–23.

5. Rudolf Otto, *The Idea of the Holy* (Oxford University Press, 1958), cap. 4.

6. Isaías 6:3.

7. C. S. Lewis, *Mero cristianismo* de *The Complete C. S. Lewis Signature Classics Collection* (New York: HarperOne, 2002), p. 143.

8. Hechos 17:28.

9. J. B. Phillips, *New Testament Christianity* (New York: Macmillan, third printing, 1964), p. 19.

10. Juan 17:21.

11. Ver 2 Corintios 3:7.

12. Juan 13:35, NVI.

13. Juan 20:22.

14. Ver 1 Juan 3:24; 4:13.

15. Romanos 5:5.

CAPÍTULO 8: ESTOY AQUÍ

1. Hebreos 2:14-15

2. Ver Lucas 9; 1 Corintios 15.

3. Steve Bradt, "Wandering mind not a happy mind", *The Harvard Gazette*, 11 de noviembre de 2010, https://news.harvard.edu/gazette/story/2010/11/wandering-mind-not-a-happy-mind/.

4. V. 2.

5. Thomas M. Sterner, *Fully Engaged: Using the Practicing Mind in Daily Life* (Novato, CA: New World Library, 2016), p. 72.

6. Filipenses 4:5–6, NTV.

7. Parafraseado de San Agustín, *Confesiones*.

CAPÍTULO 9: ¿CÓMO DEBERÍAMOS PEDIR?

1. Ver Mateo 6:7–8.

2. Ver v. 8.

3. Ver 1 Timoteo 4:16.

4. Ver Mateo 13:12.

5. Tertuliano, Cipriano y Orígenes, *On the Lord's Prayer*, p. 42.

6. Ver Juan 15:1–11.

7. Ver Mateo 7:7–11; Lucas 11:10–13.

8. Rabbi Jonathan Sacks, *Morality: Restoring the Common Good in Divided Times* (New York: Basic Books, 2020), p. 63.

9. Wright, *The Lord and His Prayer*, p. 23.

10. Ver Salmos 37:25.

CAPÍTULO 10: CONFESIÓN, PECADO Y CONCIENCIA

1. Lisa Bevere, *Fiercely Loved: God's Wild Thoughts About You* (Grand Rapids: Revell, 2022).

2. Ver Hebreos 4:16.

3. Ver Santiago 5:16.

4. 1 Corintios 9:21; Santiago 1:25.

5. Vv. 1–2.

6. Mateo 23:23.

7. Ver Lucas 12:12.

8. Lewis, *Mero cristianismo*. Lewis arroja esta idea en el libro 1, capítulo 1.

9. Vv. 4, 7.

CAPÍTULO 11: DE MÍ A NOSOTROS

1. Parafraseado de Koyama Kosuke, *Three Mile an Hour God* (Norwich, UK: SCM Press, 2021), p. 23.

2. Thomas Merton, *No Man Is an Island* (New York: HarperOne, 2002), p. 64.

3. Mateo 12:39.

4. Jonás 1:9.

5. Ver Jonás 3:1.

6. Jonás 3:3.

7. Jonás 4:1.

8. Jonás 4:2 (énfasis del autor).

9. 2 Reyes 14:25.

252 Palabras con Dios

10. Jonás 4:9.

11. Juan 10:16.

12. Efesios 4:3.

13. Ver Efesios 2:14–16.

14. Ver Colosenses 1:26.

15. Efesios 4:4–6.

16. Efesios 3:14–15.

17. Ver 2 Corintios 5:19.

18. Ver Hechos 1:1–11.

19. Hechos 1:6.

20. Hechos 1:8.

21. Ver Éxodo 34:22.

22. 2 Corintios 3:3.

23. Ver Mateo 5:44.

24. Efesios 6:12.

25. Efesios 6:18.

26. Madre Teresa, "Acceptance Speech", The Nobel Peace Prize 1979, The Nobel Prize, 10 de diciembre de 1979, https://www.nobelprize.org/prizes/peace/1979/teresa/acceptance-speech/.

27. Howard Thurman, *The Inward Journey* (Richmond, IN: Friends United Press, 2007), p. 105.

28. Adaptado de Howard Thurman, *Jesus and the Disinherited* (Boston: Beacon Press, 1976), p. 85.

CAPÍTULO 12: PERDÓN

1. El primer mártir mencionado después de la ascensión de Jesús.

2. Hechos 7:55.

3. Hechos 6:10.

4. Tom Wright, *Mark for Everyone* (London: Society for Promoting Christian Knowledge, 2004), pp. 16–17. Wright dijo en una ocasión:

La mayoría de las personas no se dan cuenta de que probablemente esta era la propia casa de Jesús. Se había mudado de Nazaret a Capernaúm; el punto de los dos primeros versículos es que, cuando Jesús regresó de su corto viaje por las aldeas circundantes, se encontró con multitudes que se agolpaban en la puerta como si fuera una estrella de cine o un reconocido jugador de fútbol. Jesús mismo fue el desafortunado propietario a quien le rompieron el techo ese día.

Esto abre nuevas posibilidades para entender lo que Jesús le dijo al hombre lisiado. ¿Cómo te sentirías si alguien hiciera un gran agujero en tu tejado? Pero Jesús mira hacia abajo y dice, con una sonrisa triste: "Está bien, ¡te perdono!". Algo en su voz, sin embargo, les hizo darse cuenta a todos de que esto era diferente.

5. Marcos 2:5.

6. Lucas 11:4.

7. N. T. Wright, *Matthew: 25 Studies for Individuals and Groups*, N. T. Wright for Everyone Bible Study Guides (Downers Grove, IL: InterVarsity, 2009), pp. 39–40.

8. Ver Mateo 10:33.

9. Juan 20:21.

10. Juan 20:22–23.

11. Anthony De Mello, *The Way to Love: The Last Meditations of Anthony De Mello* (New York: Doubleday, 1992), p. 39.

12. 1 Corintios 5:5, NIV.

13. Esta cita a menudo se le atribuye a Lewis B. Smedes de su libro *The Art of Forgiving: When You Need to Forgive and Don't Know How* (New York: Ballantine Books, 1997).

14. 1 Corintios 5:5.

CAPÍTULO 13: PRUEBAS, TENTACIONES Y GOZOS

1. Santiago 4:14.

2. Hebreos 2:15.

3. Ver Hebreos 2:14–18.

4. Marcos 9:49.

5. Mateo 27:46.

6. Hechos 14:22.

7. Marcos 4:17.

8. Bauer et al., *Greek-English Lexicon*, s.v. *peirasmos*.

9. Santiago 1:2–4.

10. 1 Pedro 5:10, énfasis del autor.

11. Eugene Peterson, *Run with the Horses* (Downers Grove, IL: Inter-Varsity, 2009), p. 74.

12. Ver Nehemías 8.

13. Wright, *The Lord and His Prayer*, p. 48.

14. Ver 2 Corintios 1:3–6.

15. Ver Romanos 14.

16. Ver Juan 15:11.

17. Ver 1 Tesalonicenses 1:6–7.

18. Willard, *The Spirit of the Disciplines*, p. 79.

19. Peterson, *Run with the Horses*, p. 56.

20. Ver Mateo 16:17–19.

21. Ver Joel 2:1–11.

22. Joel 2:14.

CAPÍTULO 14: EN EL NOMBRE

1. V. 14.

2. V. 15.

3. Lucas 11 es el único lugar donde aparece *anaideia* en las Escrituras.

4. Gran parte de esta sección está inspirada por el erudito Kenneth E. Bailey, exdirector del departamento bíblico de Near East School de teología, Beirut.

5. Kenneth E. Bailey, *Poet and Peasant: A Literary Cultural Approach to the Parables* (Grand Rapids: Eerdmans, 1976).

6. Juan 10:30.

7. Hebreos 1:3.

8. Andrew Murray Books, *Andrew Murray: With Christ in the School of Prayer*, Original Edition, Illustrated, Andrew Murray Books–Book 1, 2018, Kindle.

9. Mateo 16:15.

10. Mateo 16:16.

11. Ver 2 Pedro 1:4.

12. Ver 1 Juan 3:9.

13. Juan 20:17.

14. Mateo 18:20.

15. C. S. Lewis, *Till We Have Faces* (New York: HarperOne, 2017), p. 308.

ACERCA DEL AUTOR

A Adisson Bevere le gusta desmontar las cajas que fragmentan y frustran nuestras vidas, un proceso que él denomina fe integrativa. Es el autor de *Santos*, y coautor del *bestseller El Espíritu Santo: Una introducción*. Addison también trabaja como Jefe de Operaciones de Messenger International, una organización de discipulado que impacta a millones de personas en casi todos los países. Padre de cuatro hijos y esposo de Juli, pasa la mayoría de sus días en Tennese. Para conectar con él, visita AddisonBevere. com.